生涯探索與規劃

《我的生涯手冊》

Career Exploration and Planning：
My Career Manual

吳芝儀◎著

自　　序

「生命究竟有沒有意義並非我的責任，但怎樣安排此生卻是我的責任。」

～赫曼．赫賽

　　莊子逍遙遊中，最膾炙人口的故事，大概就屬大鵬與小雀的對話了。大鵬的故鄉在遼闊的北海，本尊是碩大無朋的「鯤」，化身爲「鵬」之後，雙翅奮力搏擊能在水面濺起三千里的波濤，順風盤旋展翅高飛則如遮天的雲彩，能奔向九萬里的高空，往南海而去。然而，一旦缺乏風勢的助力，大鵬的雙翅也沒有了用武之地。地面上的小雀和斑鳩忍不住譏笑大鵬：「我們跳躍著就飛了起來，想飛就飛，碰到樹枝就停下來歇息，雖然飛不高，但也自由自在。何必要辛辛苦苦衝向九萬里的高空到南海去呢？」

　　究竟是大鵬或小雀才真是「逍遙遊」？恐怕是個見仁見智的問題。大鵬有大鵬的使命，小雀有小雀的自在。順應著自己的本性，將自己的潛能發揮到極致，擁有自己的目標、欣賞自己的生活方式，不妄自菲薄、不怨天尤人，人生就有更充分的機會可以自在逍遙，可以自我實現。所以，赫曼．赫賽說：「一個人生活的目標不應該以世俗的成就爲標準，而應該在生活與行爲上把自我實現到極致」。

　　在人群之中生活的我們，經常爲了和別人比較優勝劣敗，而忘卻了自己真正的理想和目標；或者爲了不辜負別人的期待，而勉強壓抑自己深層的憧憬和想望。即使在社會上獲得了偉大的成就，聰明才智足以服千萬人之勞，然而當肩頭擔負的壓力愈是沉重，愈需要爲了讓大多數人滿意而隱藏自己真正的感覺，愈是無法做回真正的自己。

　　我們總是期待向艱難挑戰可以獲致高度的成就感，成就感的滿足會帶給自己快樂的感覺，並對自己感到滿意。然而，當成就不是爲了讓自己快樂而是爲了讓別人滿意時，成就與快樂的天平也將會嚴重失衡，終至迷失了自己。不可否認每個人都有他自己的生活哲學。對相同一件事，當思考的觀點不同，看重的層面有別，即會衍生南轅北轍的生活態度。

　　據傳在一幅中國名畫中，繪著三位中國哲學大師圍繞著一罈醋，每個人都正將蘸著醋的手指頭從口中移出。於是觀畫者正好可以看到他們在品嚐同一罈醋之後，凝住在臉上的表情：一個充滿酸味、一個苦澀溢於言表，一個則笑容

滿面。由於畫中那一罈「醋」代表人類「生活的本質」，大師的表情則反映了他們的人生哲學。對於那位充滿酸味的大師，生活總是無法與自然取得和諧，人類社會因此需要許多禮節規約，以防制人們誤入歧途。而那位苦澀溢於言表的大師，卻相信人類世界充滿苦難折磨，唯有禁絕一切物欲，始能避免災禍。最後，笑容滿面的大師，則相信人類日常生活經驗皆是吾人可以從中學習的自然導師，故與自然事件和諧共存的結果，自然是愉快的。

據說，在人類生活本質的試煉中，品嚐到酸味的大師是孔子，味覺苦澀的大師是釋迦牟尼，感覺到香甜美味的大師則是老子。三位大師反映了影響中華文化至為深遠的儒、道、佛三家思潮。姑且不論該幅名畫的真實性，但不同的思想觀點會讓我們對人生或人間世抱持著相當歧異的生活態度，卻是不爭的事實。

因此，面對自己這一生長遠的發展歷程，我們如何看待自己、他人和人生，決定了我們的生命主題和生涯發展方向。

由於工作佔據人類生活的絕大部分，我們不可必避免地透過工作來掌握生活，也透過工作上的表現來尋求個人的意義和價值，並在工作中致力於達成自我的實現。工作的選擇和發展即成為生涯發展歷程中至關重要的議題，亟須深入而廣泛的探索，釐清目標和方向，並發展出循序漸進的行動計劃。以增進其各方面的良好準備，因應工作世界的挑戰，達成最佳的生涯發展與充分的自我實現。

本書「生涯探索與規劃：我的生涯手冊」涵蓋了自我探索、工作世界探索、家庭期待與溝通、生涯選擇與決定、生涯願景與規劃、生涯準備與行動等與個人生涯發展息息相關的重要議題。旨在藉由循序漸進的個別或團體活動，以輔助青少年或大專學生的自我學習；並可運用於生涯輔導課程、生涯探索團體、或生涯規劃工作坊中，作為輔助學生進行生涯探索與規劃之學習教材。

本書的孕育與完成，應感謝國立台灣師範大學教育心理與輔導學系金樹人教授長期以來的細心指導，以及國立土庫商工輔導室劉惠華老師在活動設計上的協助。期待本書的付梓，能傳承國內生涯輔導與諮商領域前輩學者的專業經驗，為青少年的生涯發展開創嶄新的契機！

吳芝儀

謹誌于國立中正大學

2000/10

目　錄
CONTENTS

生涯探索與規劃

★我的蝴蝶大夢　173
★準備行動計畫　174
★擬定階段性目標　176
★生涯目標與自我評估　177
★生涯規劃報告　181

第十四章　生涯準備與行動　183

★找尋工作機會　185
★撰寫求職申請書　187
★撰寫履歷表　188
★撰寫自傳　190
★準備面試與面試技巧　191
★開展職業生涯　193

附　錄

1

生涯的聯想

★
生涯與生涯規劃
★
人生有涯—學海無涯

生涯探索與規劃
我的生涯手冊

當你揮汗攀登生涯的巔峰之時，
你可曾回顧自己是如何走來？
你是否憧憬越過巔峰之後，
又將去向何方？

生涯之路，
或者坦蕩開闊，
或者坎坷崎嶇；
或者百花燦爛，
或者荒漠甘泉；
總是翻越千重山萬重水，

柳暗花明之處，
是否潛藏著你對自我最深切的期待？

如果你可以為自己撥出一些空檔，
請讓我與你一同來探索這

心的絲路！

當你很小的時候，你曾經夢想過未來吧？你一定寫過無數次「我的志願」，你還記得你的夢想嗎？是老師？科學家？律師？醫師？還是護士？

或者，你還記得你絞盡腦汁也想像不出未來的模樣？

或者，在你小小的志願裡，有著許多「不辜負父母的期望」、「貢獻社會報效國家」的宏大抱負？

或者在你還分不清想像與現實的稚嫩年代，你曾經像很多小朋友一樣幻想過將來要當純真美麗的「白雪公主」，或是無所不能的「小叮噹」；在你稍大一些，恍然明白童話或漫畫故事中的人物並不存在於現實世界的青澀童年，你雖仍不願意放棄幼時的想像，卻不得不做些微的修正，這時，你也許夢想過有一天你會成為光彩奪目的「影視紅星」，或是神乎其技的「魔術大師」；逐漸地，你愈來愈了解到那些電視影像裡出現的人物，其實距離我們的生活遙不可及，於是，你不得不正視眼前的現實，將「我的志願」設定在生活中你曾經接觸過、而且還算崇拜的人物，可能是老師，也很可能是醫師或護士，或者是你父母、親友的被公認的「好職業」。

現在的你，對未來的夢想也許又和以前不同了。經過幾次聯考的洗禮，你選擇，你也被選擇。你可能幸運地選擇了你所喜歡的科系，正汲汲營營、一步一腳印地朝著夢想的方向前進，夢想也逐漸落實，成為可以實踐的「理想」。然而，你也可能意外地被陌生的科系所選擇，正感到茫然失措、惶惶惑惑，不知道如何重新讓頹傾的夢想再起高樓？你也可能好不容易完成了兒時的第一個「志願」——進入了一個理想的學府、理想的科系，卻驀然發現科系中所學的知識激盪不起你焚膏繼晷的熱情；於是，你躑躅徘徊在自己的想望和社會的期許之間，不知如何是好？

　　從現在起，你必須更誠實地面對自己。趁著青春年少，為自己投資一些時間，仔細思索在這人世間數十年的生涯歷程之中——

　　你究竟「要」什麼？
　　你「是」什麼樣的人？
　　你「擁有」什麼資產？
　　你「期望」成為什麼樣的人？
　　為了成為你所期望的自己，你需要「充實」些什麼？
　　　　或「付出」些什麼？
　　你要如何做，才能成就你自己？
　　如何才能不白費了這一程人生的歷練？
　　如何才能在回顧時，對自己的生涯歷程感到滿意？

　　回答這些與你的生涯發展息息相關的問題，需要深度的「生涯探索」和長程的「生涯規劃」。

　　生涯探索的主要目的在發現你自己，瞭解你所處身的工作世界。生涯規劃的主要目的，在於透過各項技能的學習，以掌握自己的現在和未來，臻於「無入而不自得」的境地。

　　例如，大學生必須瞭解自己本身的能力，是否能經由學習的過程而不斷地提昇；學習培養其他的興趣、發展其他可能的選擇，並作有效的決定；學習如何分辨個人的需求或重視他人的需求，並將之整合於對生涯生活的計畫之中；學習如何適當地修正原先的生涯計畫，以配合自身和環境上的變化。因此，生涯探索和規劃必須是有彈性的、務實的，以創造充實而滿意的生活。

　　我們總是在生命事件中尋找成就感和滿足感，然而隨著我們本身的改變和經驗的累積，成就感和滿足感的來源和程度均會發生變化。另一方面，由於外在環境、經濟條件的改變，及科技的進步更新，使得未來亦變得遙不可測，增加了生涯發展的不確定性。

　　因此，充實人生的追尋是我們在工作和生活中所必須面對的持續性挑戰。當我們經歷了人生各個不同階段時，我們必須重新

設定生涯目標，從許多可能達成目標的方案中做選擇，並作成可以投注心力和時間去達成的決定。對許多人而言，人生無法預期的意外和變化，充滿了不確定感和威脅性，以致常因無法掌握這些人生「必然」的變數而隨波逐流。

然而，透過生涯規劃歷程的學習，我們亦能學習到如何因應這些可能發生的變局，不斷調整自己、修正可執行的計畫，為自己每一個人生階段創造最大的成就感和滿足感。

因此，生涯探索和規劃方案的最主要目的，即在於提供你一項有效的方法或工具，讓你有能力在不同發展階段皆能對自己的現在、過去和未來，有一個重新審視、評估的機會，為自己擘畫一個璀璨亮麗的人生。

當年華老去、形容枯槁，留駐心中的是生命中最美麗燦爛的彩虹！

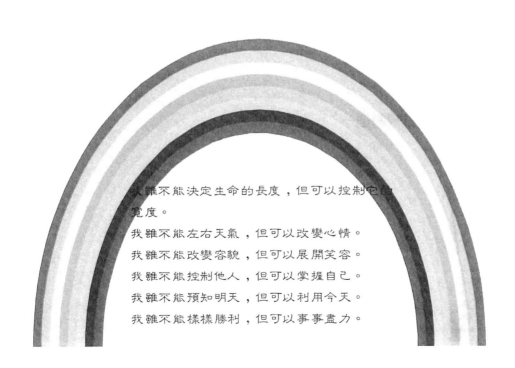

我雖不能決定生命的長度，但可以控制它的寬度。
我雖不能左右天氣，但可以改變心情。
我雖不能改變容貌，但可以展開笑容。
我雖不能控制他人，但可以掌握自己。
我雖不能預知明天，但可以利用今天。
我雖不能樣樣勝利，但可以事事盡力。

生涯與生涯規劃

在你心目中，什麼是「生涯」？什麼是「生涯規劃」？請分別寫下你對「生涯」和「生涯規劃」的聯想，然後和你的朋友或同學們分享你的想法。

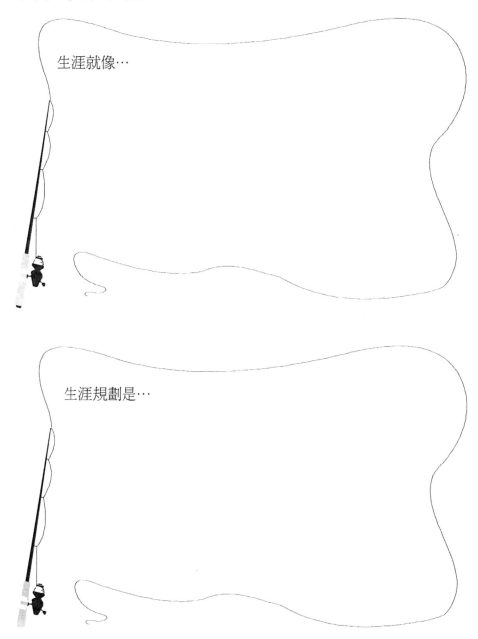

生涯就像⋯

生涯規劃是⋯

有人說：

　「生涯像一座無盡藏的寶庫，愈是深藏不露的，愈是無價之寶。唯有深入挖掘，破除迷障，歷盡千辛萬苦，才能獲得至高無上的人生真經。」

有人說：

　「生涯像攀爬一座陡峭險峻的高山，起點在山腳下的最低處。峰頂的奇奧壯麗雖然仰望不見，卻始終在心中牽引著向上的堅強意志。路途中處處潛藏著險阻危機，必須手腳並用，才能披荊斬棘；必須克服無數難關，才能登峰造極。」

有人說：

　「生涯像是一列駛向不知名終點的火車。每一個停靠站都有起有落，也許是大城、也許是小鎮，閒步當車總能看遍人間風景，匆匆促促則無暇玩味人生。每一次停駐，都是一個新的起點。若能不必掛慮列車抵達終點的時間，過程中玩賞的風景可以更多采多姿，玩賞的心情也將更閒適自在。」

有人說：

　「生涯像大海中一艘揚起風帆的船隻。順風時輕快昂揚，逆風時奮力向上，堅定地航向海的對岸那個被稱為『家』的地方，一個可以讓船隻歇息的避風港。」

有人說：

　「生涯像一幅太極圖說，有陰有陽。人有悲歡離合，月有陰晴圓缺，人生的得失成敗、高低起伏，不過是圓融智慧必經的修練。」

　　結束了今天的最後一堂課之後，你會打算去哪裡？也許是宿舍、也許是餐廳、也許是圖書館、也許是和朋友相約的地方、也許……。這些你可能會去的不同地方，讓你從這裡起身之後，腳步能有跨出去的方向。

　　你可能無法預測路途中會遇見了久違的朋友或其他，於是必須要改變原訂的計畫，展開另一段意外的旅程。然而，在遭逢意外之前，你仍有著堅定前進的方向。你不會因為路途中的意料之外，而不去你要去的地方。

　　倘若你不知道要往何處去，你會怎麼辦呢？可能你會暫時呆坐原地，不知所措，直到天色晦暗、日落西山。更可能你會因為不敢獨自停留而盲目地跟隨著其他人的腳步前進，直到繞了一大圈才發現：那並不是你要去的地方。然後，如果你還年輕，可以一切重新來過；或者，你已青春不再，只好無奈地將就現有的安全穩當─雖然那並不是你心中的夢想。

　　生涯規劃就是為自己找到引領自己堅定前進的方向！

　　為了找到腳步能夠跨出去的方向，你必須先確定自己現在的狀況。也許你需要準備考試，圖書館可能會是個好地方！也許你需要填飽肚子，那就去餐廳吧！也許你累了一整天，只需要一個可以輕鬆歇息的地方，那就回家吧！如果你最終是要「回家」的，但是你發現天色還早、心情正好，你又會怎麼辦呢？如果你選擇一條最筆直的路，很快地回家，你只能百般無聊地看電視？那麼就逍遙閒適地繞道書店逛逛吧！或者邀約三兩知心好友一起喝咖啡、聊聊彼此的近況！

　　只要你離開人潮洶湧的大街，彎進清靜幽僻的小巷，你總會偶然發現平日所不曾遇見的風景，讓枯燥的生活憑添一些驚喜和趣味。

　　生涯規劃更須為自己創造機會，欣賞人生的多樣面貌！

人生有涯—學海無涯

「工作」是什麼？「職業」是什麼？「生涯」又是什麼？是一連串令許多人感到困惑的問題。歸納多位生涯學者的觀點，讓我們試圖來回答這個問題：

● 工作(work)：工作是指體能或心智上的努力，以產生某事或結果。工作佔人類生活中的絕大部分，人類係透過工作以掌握生活。可能獲得經濟上的酬賞；也可能沒有報酬，例如學校工作(schoolwork)、家庭作業(homework)以及家事工作(housework)、志願服務工作(voluntary work)等。

● 工作(job)：工作是指在一個組織機構中，一群類似的、有薪資的職位(positions)，涵蓋為維持機構運作所必須執行的一群職務(tasks)。不同職位的工作者在執行任務之後，會獲得所預期的經濟酬賞。例如：農務（農會幹事）、建築（工地主任）、貿易（業務經理）、教育（人員）、醫護（人員）、公務（人員）等。

● 職業(occupation)：職業是指在許多工商事業或機構中的一群類似的工作(jobs)。職業在經濟社會的歷史上早已存在，與個人無關。例如：農、工、商、教育、醫護、法律、會計等。

● 事業(enterprise)：在華人社會的文化中，事業係指值得個人投注一生心力，以獲得最大實現可能性的生涯目標。在一個事業體中，通常包含較廣泛的職業範疇。例如：教育事業、慈善事業、醫療事業、科技事業、文化事業等。

那麼，「生涯」(career)呢？是生活在這繁華世間的每一個人的「我的這一生」吧？從蹣跚學步到步履維艱，從年幼無知到洞悉天命，最多數十年寒暑的一生。

　　每個人在這一生中都不斷地扮演著各式各樣的「角色」，每一個角色各有其特定的「任務」。年幼時，我們是父母的「子女」，要學語、學步和學控制尿閥，要聽話、乖巧、不逾越規矩。年齡稍長，進入群體生活的學校，我們是師長的「學生」，要學文、學數、學做人的道理。年齡再長，離開學校生活，進入社會各行各業，擁有了代表自己職業角色的「工作者」身份，更要盡忠職守、力求工作表現，為公司組織創造最大的經濟利益，為自己帶來最高度的成就滿足感。然後，在我們一邊扮演「工作者」角色的同時，我們還會接續成為另一半的「配偶」，生兒育女之後成為「父母」，為社會事務貢獻心力成為善良的「公民」，以及享受優質休閒娛樂的「休閒者」。最後，當年華老去，我們也逐漸從工作崗位上退休下來，如果「退休者」的心力仍在巔峰，還能擔任公益團體的志工，點燃生命最後的餘光，照亮弱勢求助者的旅程。

　　每個人如何在這一生中扮演自己的不同角色並發揮各個角色的功能，是他如何「成為自己」的歷程，表現出他個人獨特的自我風格。

　　所以，知名生涯學者Super（1976）曾將「生涯」定義為：

　　「生涯是生活中各種事件的演進方向與歷程，統合了個人一生中各種職業與生活的角色，由此表現出個人獨特的自我發展組型。生涯是人生自青春期以迄退休之後，一連串有酬或無酬職位的綜合，除了職位之外，尚包括任何和工作有關的角色，如副業、家庭和公民的角色等。」

　　於是，「生涯」不僅止於「工作」或「職業」，還包含了個人的「生活風格」（lifestyle），與個人在一生中所從事的所有活動。

　　Super（1980）曾描繪出一個「生涯彩虹圖」（圖一），具現了人生各個發展階段和所扮演的主要角色。在生涯彩虹圖中，第一個層面代表橫跨一生的「生活廣度」，又稱為「大週期」，包括生涯發展的主要階段（圖二）—成長期、探索期、建立期、維持期、隱退期。第二個層面代表縱貫上下的「生活空間」，由一組

角色和職位所組成，包括兒童、學生、休閒者、公民、工作者、家庭照顧者等主要角色。

在「成長期」（一至十四歲）中，兒童經由和家庭或學校中之重要他人認同，而發展自我概念，需求與幻想為此一時期最主要的特質。隨年齡增長，社會參與及現實考驗逐漸增加，興趣與能力也逐漸重要。此時期的主要生涯發展任務，在於發展自我形象，以及發展對工作世界的正確態度，並瞭解工作的意義。

在「探索期」（十五至二十四歲）中，成長中的青少年需藉由在學校、休閒活動及各種工作經驗中，進行自我檢討、角色試探及職業探索，考慮需要、興趣、能力及機會，做出暫時性的決定，並在想像、討論、課業及工作中加以嘗試。接著，進入就業市場或接受專業訓練，企圖將一般性的選擇轉為特定的選擇，以實現自我概念，並試驗其成為長期職業的可能性。

在「建立期」（二十五至四十四歲）中，發展成熟的工作者，需在某一適當的職業領域中確立其角色職位，並逐步建立穩固的地位。此時大部分人處於最具創造力的顛峰狀態，身負重任、表現優良。

在「維持期」（四十五至六十四歲）中，個人已逐漸在職場上取得相當的地位，擔負相當的責任，具有一定的權威，並致力於維持既有的地位與成就。對自身條件的限制較能坦然接受，但因需面對新進人員的挑戰而不時兢兢業業。

在「隱退期」（六十五歲至晚年）中，個人的身心狀況已逐漸衰退，必須從原有工作退休；開拓新的生活，發展新的角色。有更多時間從事休閒活動或完成自己一直想做而未做的事，可能從事義務或志願服務工作，淡泊名利、與世無爭。

由於在人們的生涯歷程中，「工作」盤據了相當漫長的時光，許多心理學家即認為「工作」是人生的重要核心，能達成多重的目的。生涯學者Herr & Cramer（1996）將工作可能達成的目的，歸納為經濟的、社會的和心理的層面（表一）。

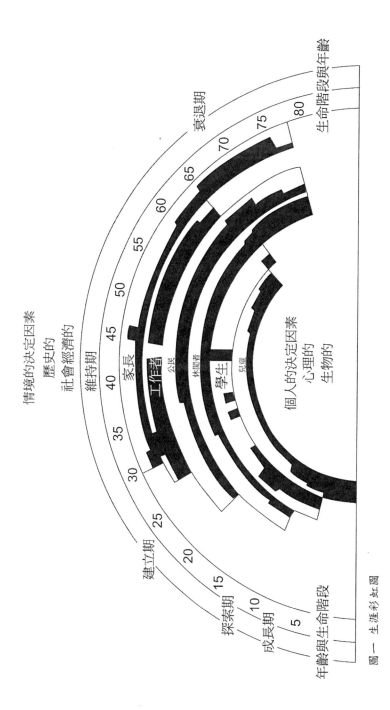

情境的決定因素
歷史的
社會經濟的

個人的決定因素
心理的
生物的

衰退期

維持期

建立期

探索期

成長期

生命階段與年齡

年齡與生命階段

家長
工作者
公民
休閒者
學生
兒童

圖一　生涯彩虹圖

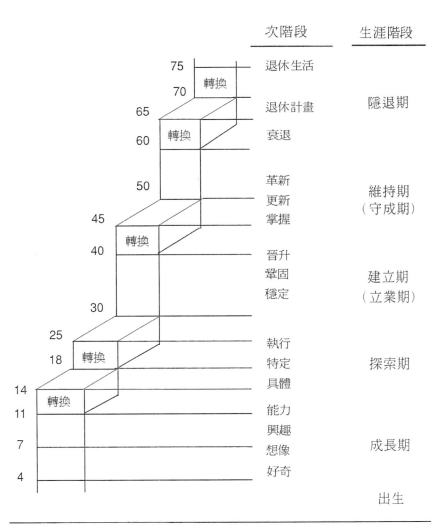

次階段 　生涯階段

75
　　轉換
70　　　　　　　　　　退休生活
65　　　　　　　　　　退休計畫　　隱退期
　　轉換　　　　　　　衰退
60
50　　　　　　　　　　革新
　　　　　　　　　　　更新　　　　維持期
45　　　　　　　　　　掌握　　　　（守成期）
　　轉換
40　　　　　　　　　　晉升
　　　　　　　　　　　鞏固　　　　建立期
30　　　　　　　　　　穩定　　　　（立業期）
25
　　轉換　　　　　　　執行
18　　　　　　　　　　特定　　　　探索期
14　　　　　　　　　　具體
　　轉換　　　　　　　能力
11　　　　　　　　　　興趣
7　　　　　　　　　　 想像　　　　成長期
4　　　　　　　　　　 好奇

出生

圖二 生涯發展階段與任務

表一　工作可能達成之目的

經濟的	社會的	心理的
物質需求的滿足 體能資產的獲得 對未來發展的安全感 可用於投資或延宕滿足感的 　　流動資產 感購買休閒和自由時間的資產 購買貨品和服務 成功的證據	一個和人們會面的地方 潛在的友誼 人群關係 工作者和其家庭之社會地位 受他人重視的感覺 責任感 受他人需要的感覺	自我肯定 角色認定 秩序感 可信賴感 主控 或勝任 自我效能感 投入感 個人評價

　　這些工作所能達成的目的，相當程度反映了心理學家Maslow（1954）的心理需求階層理論（圖三），意即生存需求、安全需求、愛與歸屬需求、尊重需求、及自我實現需求。經濟層面的工作目的，直接地滿足了個人的生存和安全需求。社會層面的工作目的，所滿足的是個人對他人關愛、肯定和團體歸屬感的期待，達成與否的程度取決於他人的評價。心理層面的工作目的，是為了達成個人的自我肯定和自我實現，超脫了經濟「利」益和社會「名」望，只為了讓自己對自己這個人、這一生感到滿意，只為了「自在快樂」、「此生無憾」！

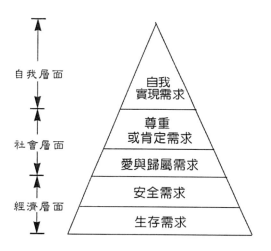

圖三　Maslow心理需求階層論

這麼說來，「工作」最終目的是為了「自我實現」，因此，為自己締造一個能充分自我實現的生涯歷程，即是這一生最重要的發展任務。而一個能充分自我實現的生涯歷程，則起始於我們對自己在周遭環境中的「定位」——即Erikson（1963）所謂的「自我認定」（ego-identity）。

Erikson（1963）將人一生的心理社會發展區分為八個階段，各有其主要的發展任務和危機。其中，青少年階段的主要發展任務即是「自我認定」，而其危機則是「認定混淆」。Erikson認為，具有自我認定感的人，會發展出穩定的自我概念，有明確的生活目標，較少受同儕壓力的影響，接納自己，能毫不猶豫地作決定，且具有責任感。然而，由於青少年期是兒童期與成年期之間的一個轉換階段。青少年的生理狀態與社會環境都正在發生變化，與父母分離並成為一獨立的個體，性別角色認定的矛盾衝突亦迅速膨脹。於是各種來自於父母、學校、同儕團體、異性、或整個社會的壓力接踵而至，且常互相矛盾衝突，使得青少年很難找到一種穩定的自我認定感，導致自我認定的困惑混淆，容易迷失了人生的方向。為了建立明確的「自我認定」，青少年時期的我們必須不斷地探索兩個重要的問題：「我是誰？」及「我在哪裡？」。亦即，「我是一個什麼樣的人？」、「我處在什麼樣的環境？」，以及「我能在這裡做些什麼？」、或是「像我這樣的人如何在這個環境中發揮功能？」。

「我是誰？」的問題，涉及生理我、心理我、情緒我、社會我等各個層面，也包括了興趣、能力、價值、人格特質等重要內涵。「我在哪裡？」的問題，則涉及個人所處的社會環境、文化群體、工作世界等。因此，青少年進行生涯探索的起點，即是「自我探索」和「環境探索」，以達成一個「資訊統合的生涯選擇」（圖四）。

然而，人的一生，隨著經驗事件的推陳出新，我們也不斷地發展和變化，現在的自己迥異於過去的自己，明日的自己亦將或多或少不同於今日自己。奠基於自我探索和環境探索的成果，我們還需放眼未來—

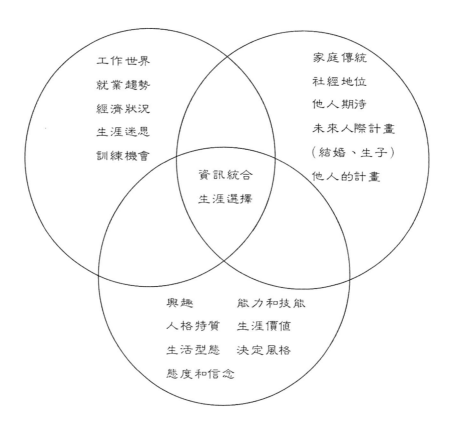

生涯資訊

重要他人

工作世界
就業趨勢
經濟狀況
生涯迷思
訓練機會

家庭傳統
社經地位
他人期待
未來人際計畫
（結婚、生子）
他人的計畫

資訊統合
生涯選擇

興趣　　　能力和技能
人格特質　生涯價值
生活型態　決定風格
態度和信念

自我知識

圖四　資訊統合的生涯選擇

「我往何處去？」以及「我如何到達？」。「我往何處去？」的問題，探索的是一個能提升自我肯定和達成自我實現的生涯目標，引領自己的生涯發展方向。「我如何到達？」的問題，思考的是如何為自己鋪一條道路、搭一座階梯，通向自己要去的地方？也就是，規劃具體的行動方案或系列步驟，以逐步達成理想生涯目標。

本書─我的生涯手冊主旨在引領讀者為自己探尋「我是誰？」、「我在哪裡？」、「我往何處去？」、「我如何到達？」等問題的答案。這些答案可能在不同時期會變化不同的內容，無須符合既定的標準，也沒有絕對的真理。因此，生涯發展既是一個不斷自我實現的歷程，亦是一個不斷自我追尋的旅程。

我的生涯手冊的主要結構

一、自我知識：個人的興趣、能力、人格特質、生涯價值、生活型態、決定風格、生涯信念等。

二、生涯資訊：工作世界、就業趨勢、經濟狀況、訓練機會。

三、家庭期待與溝通：家族職業、家庭價值觀、家人期待、家庭溝通等。

四、生涯選擇與決定：選擇歷程、決定方法、理想生涯。

五、生涯願景與規劃：生涯願景、生涯目標、生涯規劃。

六、生涯準備與行動：求職方法、撰寫履歷自傳、面試技巧、開展職業生涯。

我的志願

～ 羅大佑 ～

浪小的時候　爸爸曾經問我
你長大後要做什麼？
我一手拿著玩具一手拿著糖果
我長大後要做總統

六年級的時候老師也曾問我
你長大後要做什麼？
愛迪生的故事最讓我佩服
我長大後要做科學家

慢慢慢慢長大以後
認識的人愈來愈多
慢慢慢慢我才知道
總統只能有一個
慢慢慢慢我才知道
科學家也不太多

中學的時候　作文的題目
你的志願是什麼？
耳邊又響起母親的叮嚀
醫生津師都不錯

大學聯考的時候　作文題目
我的志願是什麼？
回想報名時候心裡毫無選擇
志願填了一百多

慢慢慢慢長大以後
認識的人愈來愈多
慢慢慢慢我才知道
每個人都差不多
慢慢慢慢我才知道
我的志願
沒有煩惱沒有憂愁
唱出我心理的歌
告訴我的孩子　每個人都要
平平靜靜的生活

慢慢慢慢長大以後
認識的人愈來愈多
慢慢慢慢你會知道
每個人都差不多
慢慢慢慢你會知道
人生就是這麼過

2

我的多元面向

★

自我的畫像

★

相見歡Party

★

我的青春記事板

　　「你是一個什麼樣的人？」、「你喜歡什麼？」、「你擅長做些什麼？」可能是你已在許多社團或聯誼活動中，回答過無數次的問題。也許你的答案每次都會增加一些或減少一些，也許你的答案每次都不相同，也許你直到現在還不知道如何回答這些連你自己也找不到答案的問題。但是，這些問題都和人生中最需要思索的課題「我是誰？」息息相關。心理學家 Erikson 就強調青少年階段的主要發展任務在於「自我認定」的完成，也就是在自身所處的社會環境中明白確定自己所扮演的角色與定位—知道自己是什麼樣的人？處在什麼樣的位置上？能夠做什麼？可以和環境與他人建立什麼樣的關係？未來還可以扮演什麼角色？—這些問題也許從青春期開始就不斷困擾著你，期盼有一天會有一位智者或天使為你指點迷津、解答你的困惑，就像「蘇菲的故事」中的蘇菲，偶然地接到一封信，引領著她展開自我追尋的旅程……

　　然而，每個人的自己，都是多元面向的。每個人都有不同的形狀和顏色。你可能身材高大、體格魁梧，但並不愛打籃球，卻喜歡舞文弄墨，且擅長精密電腦科技。你也可能嬌小玲瓏，但為人古道熱腸，經常積極主動為朋友排難解紛。你必須得花一些時間向內在心中的秘密花園去尋覓，才能將散落花園各處的自我拼圖蒐集齊全，還原一個擁有多元面向但完形統整的自己，包括你的興趣、能力、人格特質、價值觀、決定風格、理想生活型態等。

　　「自我瞭解」可以說是生涯探索的起點；而向其他人描述你自己，是開始思考「自我」的一個好方法。

自我的畫像

　　想像你正寫一封信給網路上認識卻素未謀面筆友，介紹你自己。告訴他（或她）你是什麼樣的人、你最喜愛做的事、你最擅長的活動、以及你的未來計劃等。記得附上一張你的可愛相片，或者是你自己的自畫像。你會怎樣介紹自己？

我的素描

相見歡Party

你參加的社團正在舉辦迎新Party，你很高興遇見了許多志同道合的夥伴。趕快邀請他們接受你的採訪吧！別忘了向他們索取親筆簽名喔！同時，你也要接受他們的採訪。你會如何回答這些問題呢？為什麼你會這樣回答？

姓名：	姓名：	姓名：
系級：	系級：	系級：
你最喜歡……	你最擅長……	你最重視……

姓名：	姓名：	姓名：
系級：	系級：	系級：
以顏色形容自己	以形狀形容自己	以質料形容自己

姓名：	姓名：	姓名：
系級：	系級：	系級：
你小時候的志願	你對未來的期望	你最嚮往的生活

姓名：	姓名：	姓名：
系級：	系級：	系級：
如果你有一筆一千萬的意外之財……	如果你已經80歲了，人家會說你……	如果明天是世界末日，你最想完成的心願……

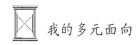

我的青春記事板

青春就是......

要如何才能將「青春」寫真起來？要如何才能讓「青春」永垂不朽？要如何才能為「青春」留下一些值得珍藏的東西？

就將你仔細思過、想過、咀嚼過、分享過的不同面向的「自己」，在你的「青春記事板」上留下記錄吧！

我最喜歡的是…	我最擅長的是…	我最重視的是…
我的顏色是……	我的形狀是……	我的質料是……
我小時候的志願是……	我對未來的期望是……	我最嚮往的生活是……
如果我有一筆一千萬的意外之財……	如果我已80歲了，人家會說我……	如果明天是世界末日，我最想完成的心願……

　　生涯規劃歷程中的自我探索，就是透過一些問題和活動，引領你更加瞭解自己的興趣、能力、價值觀和人格特質等。

「你的顏色」反映你的心情和個性。

「你的形狀」代表你待人接物、與世界和人物接觸相處的方式或風格。

「你的質料」則是你留給他人的印象和感覺。

「小時候的志願」記錄的是在你對世界還懵懂無知時，你曾經有過的夢想和憧憬。

「對未來的期望」反映的是現在的你對數年或數十年後未來世界中的你的遙想或願景。

「嚮往的生活」呈現你所喜歡或嚮往的理想生活型態或風格即使現在忙碌的你可能還沒有機會依照你所嚮往的方式生活。

「意外之財」的運用方式因人而異，反映你的金錢價值。

「如果八十歲」是對人生最後歲月的終極期待，是自我理想和期許的完成與實踐。

「如果明天世界末日」省思的是當下你心中所掛念的未了心願，需要你劍及履及地去完成和實踐，可別讓生命留下無奈和遺憾！

心的絲路

　　一直相信生活在這世間的每一個人，都擁有多樣化的面貌，面對不同事物、不同情境、不同人群，即變換著不同的面貌，有些是刻意的隱藏，有些是自然地顯現。就如太極，隨著時序流轉，時陰時陽，既陰且陽。

　　學校中循規蹈矩的好學生，在家中可能是唯我獨尊的小霸王；喜歡戶外運動的人，在其他場合可能害羞靦腆；過去曾經桀傲不馴的叛逆小子，也可能反璞歸真悠游山林。這些曾經存在、現在顯像、未來可能發展的「我」，都反映了各個不同面向的自己。即使對大部分的自己感到滿意，仍然年年期待著為自己換上一件嶄新的衣裳──一個嶄新的、更好的自己。

　　我是藍，雙重性格的藍。

　　有時像藍天，晴空無雲，不受有形規矩的框限和羈絆。

　　有時像大海，深陷其中，輾轉掙扎，無法喘息。

　　有時仰天長嘯。

　　有時隨波逐流。

　　我是水，沒有形狀的水。

　　盛裝在不同的容器中，即變化不同的形狀。

　　自在優游，隨遇而安。

　　看似千變萬化。

　　但水仍是水，本質未曾改變。

3

我的生涯故事

★

我是怎麼長大的？

★

向上提升與向下沈淪

★

我的生活角色

心理學家Adler說，人有著與生俱來的「自卑」感，覺得自己總有些地方不如其他的人。所幸，人也潛藏著「超越」的渴望，非常努力地要「向上提升」自己，避免自己「向下沈淪」。

也許當你還在襁褓之中，初次睜開晶亮的雙眼，逐漸看清楚周遭的世界時，你就不得不驚異世界的龐然偉大！而被媽媽強而有力的雙手懷抱著的你，也不得不感覺到自己的渺小與纖弱！

隨著你逐漸地成長與茁壯，你對世界也有了不同於兒時的視野；你不斷伸展自己的雙手去接觸世界，每一次成功的接觸，都有助於建立起對自己能力的信心。然而，成長的路途中總會經歷挫折、遭遇阻礙，或者陷入無能為力的困境僵局，讓你開始對自己產生懷疑......

有些事曾經在你年輕的生命中發生過，有些人曾經在你青春的歲月中駐留過，他們都會對你造成或多或少的影響，讓你逐漸演變成今天的你。

究竟發生了什麼事讓你成為現在的你？曾經有哪些人影響著你成為現在的你？

說說你的生涯故事吧！無論是曲折離奇？高低起伏？或者一路昂揚？或者低迴轉折？都蘊含著無限深意！

我是怎麼長大的？

　　記得你是怎麼長大的嗎？年輕的你，是如何度過你的童年？青春歲月留下哪些鮮明的記憶？試著在下方空白紙片上中，畫下你從小到大的生涯發展和轉變。你可以用寫實或抽象的圖案來呈現你的生涯故事。

　　＊請找一或二位朋友或同學，和他們分享你的生涯故事，並和他們一起討論你為什麼會是現在的你？有哪些人對你的影響深遠？發生哪些事讓你有所改變？你，如何改變？

向上提升與向下沈淪

再次回顧你的生涯故事，試著為這些在你生命中發生過的經驗或事件作個初步的分析：哪些經驗或事件對你的影響是正面的呢？哪些經驗或事件對你的影響可能是負面的？

將正面影響的經驗列舉在「向上提升」的框框中，將負面影響的事件填寫在「向下沈淪」的框框中，並分別說明它們如何影響你？

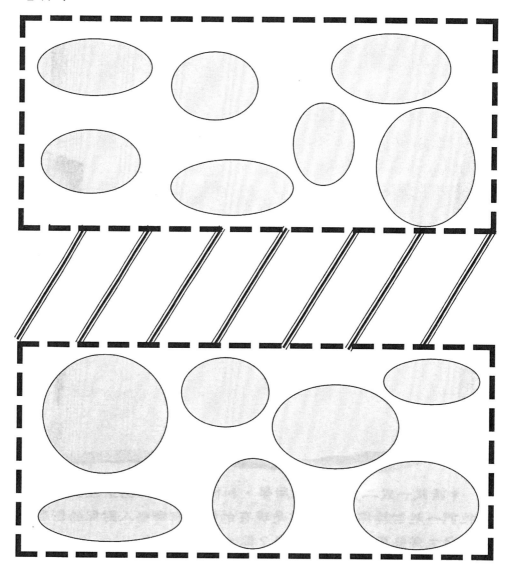

我的生活角色

　　每個人在日常生活中都無可避免地扮演了一些「角色」，例如你是父母的「子女」、是家人的「兄弟」或「姊妹」、是某人的「朋友」、是學校中的「學生」、是打工地方的「工讀生」或正式的「雇員」，你還是這個社會中納稅的「公民」。將來，你還會扮演更多不同的角色，像是「夫或妻」、「父或母」、「連襟或妯娌」、公婆的「子媳」、員工的「上司或主管」，或者人民的「頭家」……等。

　　在這許多不同的角色中，你扮演得最稱職的是什麼角色呢？哪一個角色你會好希望有機會能「卸下來」，好讓自己喘口氣？

　　請仔細想想你目前所扮演的角色中有哪三項是最重要？將他們分別寫在三張空白紙片上。

1.

2.

3.

　　現在，如果因為某項人力不可抗拒的因素，你必須「丟掉」一個角色，你會優先選擇丟掉哪一個呢？

剩下來的兩個角色也許都是重要的，但是如果再度因為某項人力不可抗拒的因素，你必須「丟掉」一個角色，你幾經掙扎，最後你會選擇丟掉哪一個呢？

請和你的朋友或同學們分享並討論下列問題：

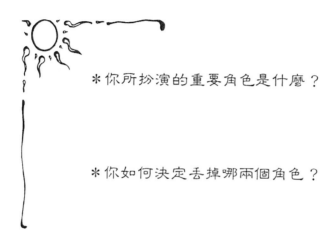

＊你所扮演的重要角色是什麼？

＊你如何決定丟掉哪兩個角色？

＊丟掉角色之後，你的心情如何？

＊哪一個角色你丟不掉？為什麼？

＊你扮演得最稱職的是什麼角色？

　　每一個人現在的自己，都是奠基於過去的學習經驗，受過去發生的人、事、物影響甚為深遠，並以過去經驗中所建構出來的想法和觀念作為基礎，再去理解和詮釋新的經驗，擴充了自己的認知體系，也形成了自己所堅信的真理。因此，對仍存留在記憶深處的過去所發生的重大事件和生活經驗，值得我們細細加以剖析，找出它們如何影響現在自己的蛛絲馬跡，並釐清現在哪些想法和觀念受著過去經驗的框限和左右？

　　過去，你在缺乏自主意識、毫無覺察的情況下被生活經驗或社會環境塑造成今天的你，許多方面可能並不那麼令你自己感到滿意。也許直到今天你才驚覺：這不是你！當有機會能卸下某些你可以不必勉強扮演的社會角色，你才能真正輕鬆自在地做回自己！

　　如果你知覺到身上背負著沉重的枷鎖，而鑰匙仍在別人那裡，你可以選擇繼續痛苦無奈地過完這一生；也可以選擇用全新的科技為自己打造一把新的鑰匙，解開自己的枷鎖，卸下別人所加諸於你的負擔，讓自己未來更有機會對這一生感到滿意。

　　記得胡適說過：「要怎麼收穫，就先那麼栽。」未來你想要過的是什麼生活？未來你想要在社會上扮演什麼角色？未來你希望做一個什麼樣的人？都取決於現在你要做什麼樣的改變！

心的絲路

我最早丟掉了「姊姊」的角色。因為做為「姊姊」,我從小就被教導著凡事要讓弟弟妹妹,因為他們「還不懂事」。但是,我那裡就懂事了呢?為什麼因為是「姊姊」就必須要「被迫」偽裝成熟懂事的模樣?做對了是應該的,做錯了就是「壞榜樣」,真是難以承受之重啊!

接著,我丟掉了「女兒」的角色。只是想用另一種方式做「女兒」。不要畢恭畢敬,不要唯唯諾諾,不要總是不敢告訴爸媽我真正想要的是什麼。我希望離開爸媽安全護漸的羽翼,能夠勇敢地做我自己。也許有些不乖,也許有些不守規矩,但是,我會更小心護漸自己不受傷害,會更知道如何肯定自己。

最後,我仍然還要做「學生」。學習是一條漫長而無止盡的路,我們在人生的歷程中,無論是扮演好自己的角色,或者是不扮演任何角色而仍能「無入而不自得」,點點滴滴人生智慧的累積都是學習。而我,才不過是走在這條路的開端。放眼未來,人生要學的功課也是浩瀚無涯的,人生之中會遭遇到的許多問題都值得我去深思探究,才能抽絲剝繭,尋找到自己的答案。因此,人生歷程中的任何經驗,都會是我的老師。我虛心求教,努力學習。

4

我的人格特質

★
分析我自己
★
明明白白我的心
★
比較我自己
★
人格類型分析

當你向別人介紹自己是一個「活潑」、「開朗」、「熱情」的人，或者當你形容自己是一個「文靜」、「細心」、「友善」的人，你就是在描述你的「人格特質」，或是你的「個性」或「性格」。

人格特質是一個人在生活中對人、對事、對自己、對外在環境所表現出來的一致性因應方式。每個人在其成長歷程中，可能受到生理、遺傳、家庭教養、文化規範、學習經驗等因素的交互作用所影響，而形成自己的獨特個性，在不同情境中表現出特定的氣質。

某些人格特質之間具有相當的關連性，例如「活潑」、「開朗」、「熱情」的人通常也會較為「積極主動」，顯得較為「愛現」，因此也常具備較佳的「溝通能力」。另一方面，「文靜」、「細心」的人常會較為「謹慎」而「內斂」，因此也較重視「秩序」，讓人覺得「可靠」。當然，有許多人格特質是介在兩個極端中間的灰色地帶。透過這些人格特質的分析，我們可以歸納出幾個較為典型的人格組型，也許是A、B、O、AB四型，也許是十二星象為代碼的組型，也許是生涯學者Holland所提出的六邊形，也許是Jung或Myers-Briggs匠心獨具的十六種人格類型。

雖然人格特質的分析，讓「什麼樣的人會選擇什麼樣的工作」變得有跡可尋（就像是「物以類聚」）；但是，作為生活經驗之一環的「工作」，仍會持續不斷地對人格特質的形塑與修正發揮關鍵性的影響力，使得人格特質也逐漸發生轉變。例如，害羞內向的你也許是因為某種因素考上教育科系，而不得不學習當一位老師；經過多年課程教學的磨練之後，你很有可能會發現再也沒有人相信你也曾經有過「害羞內向」的年代了。

所以，多方去瞭解你的人格特質，但不要被目前以為是的人格特質限制了你的生涯發展。

分析我自己

※ 請試著用三句話來描述你自己的特質，填寫在下欄中。

1.我是 _____

2.我是 _____

3.我是 _____

※找一位你的好朋友，請他列舉出你的三個特質，並和他一起討論你自己所寫下的特質。看看你的好朋友對你的看法與你對自己的看法有些什麼異同。

我的朋友認為我是……

舉例說明……

我的發現是……

明明白白我的心

　　下列是我們常用來形容人格特質的一些字眼，仔細想想看你自己具備了哪些特質？請將這些形容詞提供給你的好朋友參考，也請他圈選出他認為你所具備的特質。比對看看他所形容的你和你所形容的自己，有些什麼異同？為什麼會有這些異同？

順從	重視物質	溫和	坦白	自然	害羞	勤奮
誠實	有恆心	穩定	謙虛	實際	分析	獨立
喜歡解決問題	理性	內向	好奇	重視方法	冷靜沉著	批判
具科學精神	追根究底	深謀遠慮	親和力	人緣佳	喜歡與人接觸	樂於助人
為他人著想	隨和	寬宏大量	善體人意	溫暖	合作	循規蹈矩
喜歡規律	缺乏彈性	節儉	缺乏想像力	傳統保守	謹慎	有條理
按部就班	負責任	複雜善變	喜歡變化	缺乏條理	想像力豐富	崇尚理想
情緒化	直覺的	不切實際	不喜從眾	獨創性	較衝動	感性
富冒險性	精力充沛	善表達	慷慨大方	自信	有領導能力	活潑熱情
積極主動	喜歡表現	說服力強				

我圈，別人也圈的特質是：

我圈，別人沒圈的特質是：

別人圈，我沒圈的特質是：

我的發現：
原來我是個 _____ 的人

我希望繼續保有的特質是：

我希望改變的特質是：

　　生涯學者Holland（1973）認為每個人的生涯選擇是個人人格在工作世界中的表露和延伸。亦即，人們係在其工作選擇和經驗中表達自己、個人興趣和價值。因此，不同個性的人，也很可能會選擇不同的職業。例如：

實際型（R）的人

　　具有順從、坦率、謙虛、自然、堅毅、實際、有理、害羞、穩健、節儉等特徵。

研究型（I）的人

　　具有分析、謹慎、判斷、好奇、獨立、內向、精確、理性、保守、好學、有自信等特徵。

藝術型（A）的人

　　具有複雜、想像、衝動、獨立、直覺、創意、理想化、情緒化、感情豐富、不重秩序、不服權威、不重實際等特徵。

社會型（S）的人

　　具有合作、友善、慷慨、助人、仁慈、負責、善溝通、善解人意、負洞察力、理想主義等特徵。

企業型（E）的人

　　具有冒險、野心、抱負、樂觀、自信、有衝勁、追求享樂、精力充沛、善於社交、擅長說服他人、獲取注意、管理組織等特徵。

傳統型（C）的人

　　具有順從、謹慎、保守、自抑、謙遜、規律、堅毅、實際、穩重、重秩序、有效率等特徵。

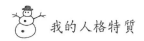

比較我自己

　　也許你很高興地發現你的朋友真是瞭解你，或者你很遺憾地發現你的朋友認識的你早已經是「過去式」了，甚至你真的希望能成為朋友眼中的你！「理想我」（你希望成為的樣子）與「真實我」（你現在實際的樣子）的差距，經常會困擾著許多年輕的朋友。如何縮短理想與現實的鴻溝，讓兩者更趨向一致？是值得你更深入思索的問題，也是通向滿意生涯的一個重要指標。

人格特質描述	我過去的樣子	我現在的樣子	我希望的樣子
樂觀的			
愛整潔的			
小心謹慎的			
守信的			
脾氣溫和的			
彬彬有禮的			
誠實可靠的			
努力勤奮的			
有自信的			
受歡迎的			
獨立自主的			
積極進取的			
有耐心的			
體貼的			
幽默的			
熱心助人的			
重紀律的			
開朗的			
謙虛的			

人格類型分析

　　心理學家Myers（1963）依據四類偏好向度，建立了十六種人格氣質的典型。這四類偏好向度分別是「外向-內向」、「感官-直觀」、「思考-感覺」、和「判斷-覺察」。你不妨也試著依據這四個向度，來判斷一下自己的人格氣質傾向是什麼？

外向 （E）	□喜歡和他人談話 □傾聽其他人說話 □炊煮晚餐，燒煮咖啡 □以汽車為工作工具	內向 （I）	□喜歡閱讀書籍 □思考想說或想做的事 □覺察自己的感受 □思考難題，以求瞭解
感官 （S）	□品嚐食物 □注意交通號誌的轉變 □記得一場演講內容 □按部就班做計畫	直觀 （N）	□突發奇想（做事的新方法） □思考目前行動的未來啟示 □尋思人們所言所行的底涵意義 □觀看大幅的圖片
思考 （T）	□仔細研究一項產品，購買同類型中最好的 □做「對的事」，無論是否喜歡 □選擇不買已經有的類似的東西 □遵循指導原則來完成工作任務	感覺 （F）	□只因為喜歡就決定購買一些東西 □壓抑衝動，不告訴某人一些會令他難過的事 □只因為不喜歡工作環境，就決定不接受某項工作 □決定搬到離自己所關心的人較近的地方
判斷 （J）	□將要做的事列出一張清單 □預先把事情計畫安排好 □做出判斷和表達判斷 □將一個議題結束以進行下一個	覺察 （P）	□延宕作決定，評估其他可供考慮的選項 □立即自發性的行動 □當下作決定而不做預先的計畫 □總要到最後一分鐘才做事

有一個世界在我們的周遭，有一個世界在我們自己的內心中。如果你傾向於處理外在世界中的事物，你是「外向型」；如果你傾向於處理自己心中的內在世界，你是「內向型」。

我們都需要蒐集足夠的資訊，才能幫助我們作決定。「感官型」的人偏好運用以感官操作的具體方法去蒐集資料；「直觀型」的人偏好從所蒐集的資料中產生抽象的可能性。

當我們需要作出決定時，經常是以思考或感覺為基礎的。如果你是「思考型」的人，你傾向於遵循邏輯和推理來做決定，因此你是理性的、公平公正的、有一套既定的行為準則。如果你是「感覺型」的人，你傾向於因時因地制宜的決定，依據自己內在價值體系做自己認為是「對」的事，因此也常是主觀的。

由於我們具有不同的氣質傾向，我們對外在世界或日常生活的態度也有所不同。「判斷型」的人偏好所接觸的事情都能條理分明、秩序井然，希望凡事都在掌握之中；「覺察型」的人則希望事情能保持彈性開放、任其自然發生，而不受限於既定的軌道。

因此，心理學家Keirsey將十六人格類型加以歸納命名，並分別標定該類型的生命主題，例如「守護者」致力於尋求安全穩定，「技藝者」致力於尋求感官刺激，「理論者」致力於尋求理性知識，「理想家」則致力於尋求自我認定。你的人格氣質傾向和生命主題是什麼呢？

十六人格類型命名及生命主題

守護者（SJ）		技藝者（SP）		理論者（NJ）		理想家（NF）	
尋求安全穩定		尋求感官刺激		尋求理性知識		尋求自我認定	
ESTJ	督導者	ESTP	促進者	ENTJ	指揮官	ENFJ	教師
ISTJ	視察者	ISTP	工藝者	INTJ	策劃者	INFJ	諮商師
ESFJ	提供者	ESFP	表演者	ENTP	發明家	ENFP	得勝者
ISFJ	保護者	ISFP	創作者	INTP	建築師	INFP	治療師

心的絲路

我是個奇怪的人。有時充滿了知識份子追求學問的熱情，一心精進所學，期望能為社會所用；有時卻懶散得只想學陶淵明隱遁於終南山，不見世人、不聞世事、不思世理。

在這個濁世之中，想效淵明之志的可不只是少數人而已，但真正能歸隱山林的卻總是沒有幾個人。所以，人都是奇怪的吧！那麼想做真正的自己，卻又無法拋開現有的舒適、安逸、成就與社會期待。

還是，這些心理需求之間原本就充滿了衝突和矛盾？滿足口腹之欲後，既想要安全穩定的生活，也想要追求理性知識，更想要尋求自我實現，這些「想要」並不盡然能在目前的生活中滿意地獲得。在這些「想要」之間如何取捨，不也是一門人生的功課？

不同時期的我，會有不同的「想要」，導向不同的生涯選擇。因此，這時期的「生命主題」想必也不同於下一個階段的「生命主題」吧！

想到心理學家Freud說起人格的結構。「本我」是所有生物的本能，就像肚子餓了要找吃的，口渴了要找喝的，是需要立即滿足的。「超我」是社會文化的期待和規範，透過父母、師長從小的教誨，讓我知道肚子餓了不能「偷」吃，口渴了不能「隨便」喝。兩者都是「我」，衝突時卻也會兩敗俱傷。於是，「自我」就必須因時因地制宜地扮演調停者的角色。既然「因時因地制宜」，就沒什麼應該不應該，沒什麼是固定不能改變的準則。

於是，赫曼‧赫賽提醒我們：

不必問我：「我的處世態度對不對？」這類問題沒有答案。每一種態度都對，因為它們是整個人生的一部份。你應該自問：「我是我，我的問題和需要與他人不同，我應當如何安排此生？如何善用此生？」如果你真能確切自省，你的答案當如是：「既然我是我，我不必羨慕，也不必輕視別人，我不必擔心我的存在是否『正確』，我應當把自己的良知和需要當作身體、姓氏、籍貫一樣加以接受，因為良知和需要也都是我生命中無法避免的一部份，即使全世界的人都反對，我也必須承認那就是我。

但求盡其在我、無愧於心，過於掛慮得失好壞反而無法充分表現或發揮自己。

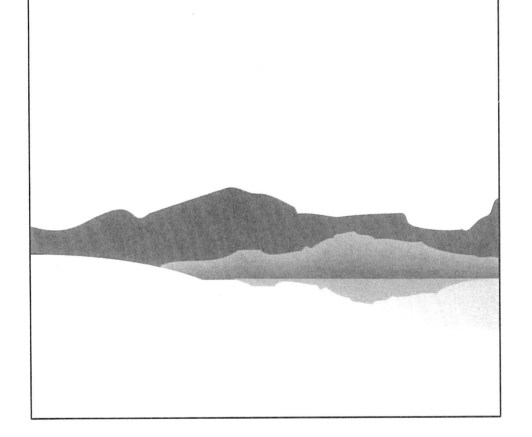

5

我的生涯興趣

★
愉快的生活經驗

★
生涯興趣類型分析1

★
喜歡的日常活動

★
更認識自己

★
生涯興趣座標圖

★
生涯興趣類型分析2

★
心中的桃花源

★
生涯興趣測驗的結果

★
呼朋引伴去探險

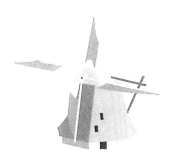

在「男主外，女主内」的古老的年代裡，流傳著一句古老的諺語：「男怕入錯行，女怕嫁錯郎」。外出工作的男性如何選擇一個滿意且可終身從事的職業，就像是嫁入婆家當「煮婦」的女性如何選擇一張可靠的「長期飯票」一樣重要。

在這個追求兩性平等的年代，無論男性或女性，選擇「職業」和選擇「伴侶」仍有著極其相似的歷程和結果。想想看，你會選擇什麼樣的伴侶？是你愛的，還是愛你的？是你自己喜歡的，還是要令別人滿意的？當然，如果二者能兼而有之更是完美無缺了！不過，世事總無法盡如人願，因此愈是能弄清楚自己到底喜歡什麼，愈能避免日後的懊悔和遺憾。

那麼，你究竟「喜歡」什麼呢？其實，這並不是一個可以簡單回答的問題。有些人因為缺少較豐富的接觸經驗，單純地不知道自己喜歡什麼，其實可以透過實際從事或接觸嘗試，來試探自己的興趣所在。然而，很多人花了很長一段時間尋尋覓覓，仍無法釐清在「許多個」喜歡之間，究竟哪一個才是「最」喜歡？於是，對未來可能的發展感到茫然困惑，不知所終。

從事自己喜愛的工作，可以帶來較為愉悅的感受，讓自己更有動力積極投入於工作之中，創造更大的成功機會，獲得更高度的成就滿足感，也因此會更為肯定自己的能力表現，對自己更具信心，更能充分發揮自己的潛能，完成自我實現的人生目標。這一連串可以讓你感受到愉悅、投入、成就、滿意、肯定、自我實現的良性循環的起點，就是「生涯興趣」，值得你多花一些時間深入去探索與釐清！

青青子衿，悠悠我心，但為君故，沈吟至今……

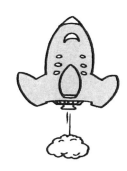

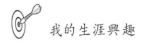

愉快的生活經驗

　　請回顧你最近一個星期（或一個月）的生活點滴，回味讓你感到愉快的經驗。請舉出一至三個生活事件，在事件發生之時或完成之後讓你感受到相當程度的喜悅或滿意。

　　最近這一個星期（或一個月）中，讓我感到愉快的經驗

　　綜合來看，這些讓我感到愉快的生活事件，有些共同特性

　　※請在下面的線條中標出適當位置：

資料　5　4　3　2　1　0　1　2　3　4　5　思維

人群　5　4　3　2　1　0　1　2　3　4　5　事物

喜歡的日常活動

當你不必上課或上班時，你通常會從事哪些休閒活動呢？請列出一至三個你平日所喜歡的休閒活動。

當我不用上課或上班時，我通常喜歡從事的休閒活動

綜合來看，這些我喜歡從事的休閒活動，有些共同特性

※請在下面的線條中標出適當位置：

資料 5 4 3 2 1 0 1 2 3 4 5 思維

人群 5 4 3 2 1 0 1 2 3 4 5 事物

生涯興趣座標圖

現在，請你將「愉快的生活經驗」和「喜歡的日常活動」兩者的特性傾向綜合起來，看看你「生涯興趣座標」會座落在哪一個象限上？

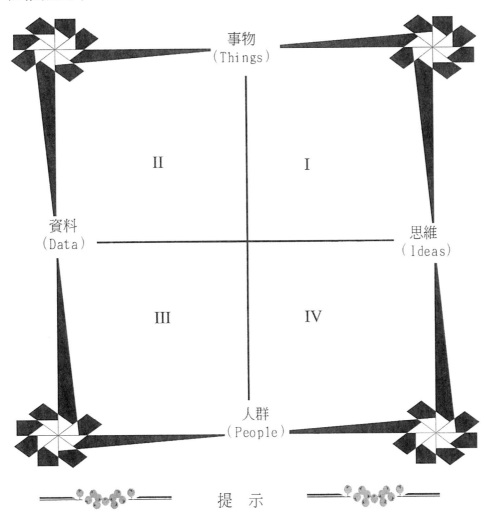

提 示

資料：喜歡處理文字或數字資料的記錄、查對、分類、組織等工作。

思維：喜歡創造、發現、解釋抽象的概念，從事知識的開發、統整與傳遞。

事物：喜歡從事與機械、器具有關的工作，並且喜歡處理物理現象的問題。

人群：喜歡從事與人群有關的工作，喜歡處理人際狀況。

心中的桃花源

正是桃花盛開的春天，你剛好會有七天的春假，你計畫著前往遠方一處新開發的島嶼群度假。旅行社經理向你大力鼓吹這個旅遊的新據點：「這是我們和當地旅遊業合作開發的新路線，一共有六個各具特色、各有不同風情的島嶼。如果你時間許可，可以安排前往其中的三個島嶼，各停留幾天，保證你能遍覽島上風光，樂不思蜀。」

你仔細瀏覽旅遊手冊上記載著這六個島嶼的特色：

「A」島：美麗浪漫的島嶼，島上充滿了美術館、音樂館，瀰漫著濃厚的藝術文化氣息。同時，當地的原住民還保留了傳統的舞蹈、音樂與繪畫，許多藝文界的朋友都喜歡來這裡找尋靈感。

「S」島：溫暖友善的島嶼，島上居民個性溫和、十分友善、樂於助人，社區均自成一個密切互動的服務網絡，人們多互助合作，重視教育，絃歌不輟，充滿人文氣息。

「E」島：顯赫富庶的島嶼，島上的居民熱情豪爽，善於企業經營和貿易。島上的經濟高度發展，處處是高級飯店、俱樂部、高爾夫球場。來往者多是企業家、經理人、政治家、律師等，衣香鬢影，夜夜笙歌。

「C」島：現代井然的島嶼，島上建築十分現代化，是進步
的都市型態，以完善的戶政管理、地政管理、金融管理見長。
島民個性冷靜保守，處事有條不紊，善於組織規劃。

「R」島：自然原始的島嶼，島上保留有熱帶的原始植物林
相、自然生態保育甚佳，也有相當規模的動物園、植物園、水
族館。島上居民以手工見長，自己種植花果蔬菜、修繕房舍、
打造器物、製作工具。

「I」島：深思冥想的島嶼，島上人跡較少，建築物多僻處
一隅，平疇綠野，適合夜觀星象。島上有多處天文館、科博
館，以及科學圖書館等。島上居民喜好沈思、追求真知，喜歡
和來自各地的哲學家、科學家、心理學家等交換心得。

※假如你僅有七天難得的假期，你會考慮到哪三個島嶼度假呢？你的優先選擇是什麼？

＊ 我的度假計畫：

選擇1：＿＿＿島，因為：＿＿＿＿＿＿＿＿＿＿＿＿＿
選擇2：＿＿＿島，因為：＿＿＿＿＿＿＿＿＿＿＿＿＿
選擇3：＿＿＿島，因為：＿＿＿＿＿＿＿＿＿＿＿＿＿

※然而，仔細想想，如果你有機會能影響政府施政決策，致力建設台灣，你會期待將台灣建設成哪一個島嶼呢？或者你期待未來能在哪一個島嶼上工作和生活？哪一個島嶼是你心中的桃花源？你有三個優先選擇：

＊ 我的生活計畫：

選擇1：＿＿＿島，因為：＿＿＿＿＿＿＿＿＿＿＿＿＿
選擇2：＿＿＿島，因為：＿＿＿＿＿＿＿＿＿＿＿＿＿
選擇3：＿＿＿島，因為：＿＿＿＿＿＿＿＿＿＿＿＿＿

※最後，想像你已年華老去，希望能找到一個最適合你度過退休生活的居所，以安享天年。哪一個島嶼最能吸引你？你有三個優先選擇可以安排你的退休計畫：

＊ 我的退休計畫：

選擇1：＿＿＿島，因為：＿＿＿＿＿＿＿＿＿＿＿＿＿
選擇2：＿＿＿島，因為：＿＿＿＿＿＿＿＿＿＿＿＿＿
選擇3：＿＿＿島，因為：＿＿＿＿＿＿＿＿＿＿＿＿＿

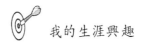

呼朋引伴去探險

　　這六個島嶼代表著六種典型的生涯興趣類型，它們的相關位置就像是一個正六邊形。看看你的同學或朋友之中，哪些人和你志同道合，可以呼朋引伴一起去探險？哪些人可以和你一起開創新生活？哪些人可以預約大未來？

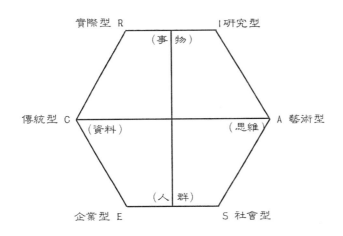

提　示

實際型（R）：喜歡運用工具、以手操作機械，參與體能運動與戶外活動。

研究型（I）：喜歡學習新知，研究且解決抽象的問題，重視科學。

藝術型（A）：喜歡自由發揮想像力，創作或鑑賞藝術作品。

社會型（S）：喜歡了解他人或與他人溝通，關心他人的福祉。

企業型（E）：喜歡領導他人工作或銷售商品，並以言語說服或影響他人。

傳統型（C）：喜歡以有系統、具體、例行的程序，處理文書或數字資料。

生涯興趣類型分析1

這裡列出了一些有關生涯興趣類型的敘述。想想看它們和你對自己的看法是否符合？請將所有符合你的敘述圈選出來。

R1	與動物有關的工作	R2	善用雙手
R3	與機器有關的工作	R4	用機械的處理方式
R5	建造或修理東西	R6	良好的身體協調
R7	以行動解決問題	R8	準備在任何條件下工作
I1	好奇	I2	要求理性
I3	思考清晰	I4	注意力集中
I5	以思考解決問題	I6	喜歡數學和科學
I7	獨立	I8	不依慣例
A1	良好的觀察力	A2	敏感
A3	良好的自我表達力	A4	有天賦
A5	喜歡處理事情的新方法	A6	喜歡美術/音樂/戲劇/寫作
A7	有想像力與創造力	A8	喜歡變化
E1	喜歡說服和影響別人	E2	可能有抱負的
E3	外向	E4	組織能力好
E5	喜歡有企劃的工作	E6	有天賦
E7	熱誠	E8	精神充沛
S1	喜歡與人有關的工作	S2	支援他人
S3	熱心	S4	靠情感解決問題
S5	責任感	S6	不怕情緒的問題
S7	理解力	S8	喜歡成為團隊的一份子
C1	喜歡與電腦有關的工作	C2	喜歡例行公事
C3	依循程序來解決問題	C4	可信賴
C5	生意眼光	C6	準確
C7	注意細節	C8	喜歡清楚的方向

※將每一類型的圈選數目記在下面的表格中。

實際型（R）的數目 _____

研究型（I）的數目 _____

藝術型（A）的數目 _____

企業型（E）的數目 _____

社會型（S）的數目 _____

傳統型（C）的數目 _____

※根據上述分類的結果，哪個（些）類型最能描述你？（即分類結果顯示什麼？）

※根據「心中桃花源」和「探險」活動的結果，你感覺哪個（些）類型最能描述你？

※你對自己的感覺與類型分析所顯示的結果相同嗎？有哪些是相同的？哪些是不同的？

＊相同的是：

＊不同的是：

※寫下你認為對你最合適的類型的描述。（藉助卡片或運用你自己的感覺。）

更認識自己

當你已釐清了自己的生涯興趣類型之後，也許你會想要更進一步瞭解自己的能力、人格特質等是否也符合你的興趣類型。下列是一些協助你更加認識自己的方式，請一一檢視你有多符合你的生涯興趣類型，以及各類型的人通常會從事的工作。

實際型(R)

如果你是一個「實際型」的人，你可能在下列的敘述中認識自己。

◆ 你擅長並喜歡運用手與手指工作
◆ 你喜歡用工具、物品、機器工作
◆ 你有（或願意培養）手工、機械、電子這些領域的技能
◆ 使用身體技術時你會覺得比語文、思考、或情感的活動快樂
◆ 你可能具備下列一個或一個以上的能力
　　◎身體協調　◎體力　◎敏捷　◎邏輯
◆ 你喜歡在戶外
◆ 你喜歡動物
◆ 你被視為一個「腳踏實地」或「實事求是」型的人
◆ 你喜歡以行動解決問題

【實際型的工作包括：營造師、電機/電子工程師、景觀建築師】

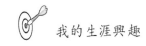

研究型（I）

　　假如你是「研究型」的人，你可能在下列的敘述中認識自己。

◆ 你喜歡運用理性;思考且好奇、勤學及獨立
◆ 你喜歡思考甚於行動
◆ 你擁有數學、物理科學及生物學方面的技能，並想更加充實
◆ 你有時被描述為知性的;有時被描述為不依循慣例的
◆ 你喜歡以思考來解決問題，且常相信自己的理性和想法甚於其他的人或事
◆ 你可能會喜歡科學或醫學的工作

【研究型的工作包括：化學師、營養師、玻璃工藝師、相機修理師、記者】

藝術型（A）

　　如果你是「藝術型」的人，你可能在下面的一些敘述中認識自己。

◆ 你喜歡逃離例行公事
◆ 你擁有語言、美術、音樂、戲劇、寫作技能，並想要更加充實
◆ 你可能對事物不信任，但信賴自己的理智、身體和感覺
◆ 你喜歡視覺、聽覺、觸覺上的美與變化，欣賞脫俗有趣的人
◆ 你有時被形容為有點反抗的，或有點反社會的
◆ 你有創意、敏感，並喜歡構思新方法來解決問題
◆ 你喜歡可以盡情發揮你的創意技能和天賦的工作

　　【藝術型的工作包括：藝術家、廚師、櫥窗設計師、都市計畫者】

社會型（S）

如果你是「社會型」的人，你可能在下面的一些敘述中認識自己。

◆ 你喜歡幫助別人，而且你友善、敏銳、樂於助人及有責任感

◆ 你喜歡親近人，並分擔別人的困難

◆ 你從維持團隊良好合作中得到滿足

◆ 你有時被描述為真誠、圓融及善解人意的

◆ 你喜歡別人信賴你的感覺，並觀察別人的感覺來解決問題

◆ 你喜歡從事與人接近的工作

【社會型的工作包括:教師、護士、社工人員、褓姆、旅遊業者】

企業型（E）

如果你是一個企業型的人，你可能在下面一些敘述中認識自己。

◆ 你喜歡企劃

◆ 你喜歡領導及影響別人

◆ 你外向、有精力、有自信、熱誠

◆ 你擁有領導、激勵和說服別人的技能，並想要更加充實

◆ 你喜歡組織、管理、變化和地位

◆ 你有時被描述為有抱負以及可能喜歡權力和金錢

◆ 你喜歡有關推銷或管理人的工作

◆ 你喜歡冒險涉入自己及別人的情境以解決問題

【企業型的工作包括:飯店經理、拍賣官、報紙經銷商、示威運動者及貿易商】

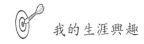

傳統型（C）

如果你是「傳統型」的人，你可能在下面的一些敘述中充分的認識自己。

◆ 你喜歡組織良好並有清楚的程序

◆ 你很仔細、條理分明、精確並很會注意細節

◆ 你喜歡有紀津、清楚的目標、安全及明確

◆ 你被描述為負責並可信賴的

◆ 你可能有好的基本技能和計算能力，並想加強

◆ 你喜歡組織事情，且可能想在大機構中工作

◆ 你喜歡運用，並依循嘗試、試驗過的程序來解決問題

◆ 你想要有關系統、操作電腦系統、文字處理的工作

【傳統型的工作包括:銀行經理、系統分析師、秘書、個人助理、飯店接待員】

※ 有一份常用的「生涯興趣量表」就是以這六個生涯興趣類型為基礎編擬的，你可以去學生輔導中心詢問有關這份測驗的施測情形，請生涯諮商師或輔導老師協助你施測並解釋測驗結果。將測驗結果及所提供的適合你從事的職業記錄下來，看看和你自己的分析是否符合。

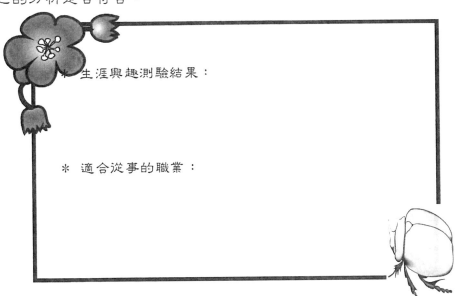

※ 生涯興趣測驗結果：

＊ 適合從事的職業：

生涯興趣類型分析2

　　接下來，你需要進一步瞭解你的生涯興趣類型之間的適配性、差異性、和一致性。「適配性」係指你的人格特質和你所喜歡的職業活動之間的符合程度，如具有社會型特質的人愈是喜歡從事社會型的工作。「差異性」是指你所喜歡的類型之間能顯現出較大的差異，如你的社會型和藝術型的表現或分數可能明顯高於其他類型。「一致性」是指你在六個生涯興趣類型中表現較高的前三個類型彼此之間的相似程度，如社會型與藝術型因在六邊形的相鄰兩邊，表示這兩個類型的一致性較高；而處在對角線上的社會型與實際型則相當不一致。這是因為社會型的人喜歡幫助別人，在團體中工作，著重人際間的互動；但實際型的人則偏好用機器來工作，而不喜歡以人群為工作的對象。現在，請你將「生涯興趣類型分析1」及「更認識自己」所表現出的最高三項生涯興趣類型記錄下來，並逐一檢視生涯興趣類型的適配性、差異性和一致性。

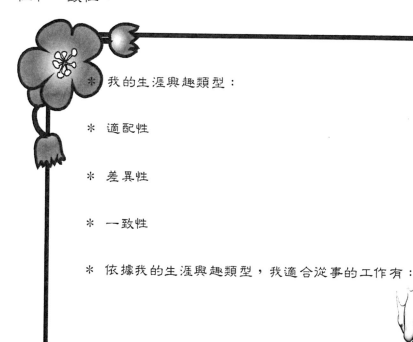

＊ 我的生涯興趣類型：

＊ 適配性

＊ 差異性

＊ 一致性

＊ 依據我的生涯興趣類型，我適合從事的工作有：

我的生涯興趣

生涯興趣測驗的結果

下列是目前一般學校中所實施的主要興趣測驗及所評量的項目。請你的生涯諮商師或學校輔導老師協助你進行幾個生涯興趣測驗，並將測驗得分填寫在下表中。

庫德偏好記錄		史東基本興趣量表		加州職業偏好調查	
測驗項目	得分	測驗項目	得分	測驗項目	得分
室外活動		農業		消費經濟	
機械活動		應用美術		室外	
電腦活動		藝術		文書	
科學活動		運動		溝通	
說服活動		電腦活動		科學–專業	
藝術活動		法律/政治		科學–技術	
文學活動		數學		工業技術–專業	
音樂活動		機械活動		工業技術–技術	
社會服務		醫藥科學		商業–專業	
文書活動		醫藥服務		商業–技術	
		買賣貿易		藝術–專業	
		軍事服務		藝術–技術	
		音樂/戲劇		服務–專業	
		自然		服務–技術	
		辦公室服務			
		組織管理			
		公眾演說			
		宗教服務			
		銷售			
		科學			
		社會服務			
		教學			
		寫作			

心 的 絲 路

　　「只要我喜歡，有什麼不可以」曾經是許多自認為「獨立自主」的年輕朋友經常掛在嘴邊的「說法」。「喜歡」幾乎成了百毒不侵的金鐘罩，隔絕了來自他人的批評和不以為然。只是，如果再仔細深究：「為了什麼而喜歡？」恐怕許多人半天支吾其詞，仍答不出所以然來。

　　相傳古代有一個人叫做葉公，宣稱他非常喜愛「龍」。欣賞龍的繪畫、雕刻，穿著繪著龍紋的衣裳，配帶著龍形的玉珮，使用的器物無一不雕著栩栩如生的龍。天上的龍聽說了葉公如此好龍，大為感動，有一天特地降臨凡世來到葉公面前，想和他交個朋友。沒想到葉公見到了真正的龍卻甚為恐懼驚慌，四處逃竄哀嚎。龍明白了葉公喜愛的只是社會所稱羨的龍圖騰，而非真正的龍，只能失望而歸。

　　我們可能都有類似的經驗，一直以為是自己「喜歡」的，沒想到實際接觸、深入瞭解之後，才驚然發現過去所喜歡的只是一個被社會大眾口耳相傳所建構出來的「假象」，自己面對該經驗的最真實感受恐怕離喜歡甚為遙遠，卻常囿於社會的偏好價值而逃脫不出假象的樊籠。

　　因此，世間的人事物經常必須等到親身體驗或相處接觸之後，細細品味體會自己真實的「感覺」，才能判斷「喜歡」的深淺。至於，尚無緣接觸的人事物是很難判斷喜歡與否的。輕率作出喜歡與否的判斷，所依循的常只是社會的偏好價值，所判斷的也只是假象而已。

6

我的生涯技能

可轉換於工作的技能

生涯技能檢定

生涯興趣類型的能力特性

其他性向測驗結果

　　除了你自己的人格特質和興趣之外，對你的生涯選擇也同樣具有影響力的就是你的「能力」了。有時，能力不足會讓你裹足不前，沒有勇氣去做你喜歡的事。例如，你也許和大多數人一樣，很喜歡整天坐在電腦前玩電腦遊戲，但可能還不具備電腦遊戲的程式設計能力，而無法成為軟體工程師。你也可能夢想著行遍天涯、深入蠻荒，卻抱憾於自己的語言表達及溝通能力而難以圓夢。甚至，你可能夢想成為眾人欣羨追逐的影歌紅星，卻始終遺憾沒有人欣賞你的歌聲或演技。

　　有能力完成一些想做的事，會讓你對自己更具有信心。然而，某些你很擅長的工作任務，卻可能無法吸引你投入的興趣。就像有人可以當很好的醫生，但他寧可從事喜歡的表演或創作；你可能具有成為優秀運動員的天分，但你卻喜歡較為靜態的室內設計。此時，令人困惑的問題經常是你是否具備了你所喜歡的工作所要求的能力？或者，你要如何培養你自己，才能具備你所需要的能力？

　　有些事你不會做，並不真的是因為你沒有能力，而是因為你從來不曾「學」過，或者是你不曾給自己機會充分地學習。例如，你不會修理電器，可能只是因為從來沒有人教過你如何修理電器。如果你真的希望有朝一日能成為專業攝影師，唯一的方法是去學習攝影技術；加入攝影社將是一個適當的學習起點。培養自己的能力，的確需要投資時間、金錢或心力，但是如果完全不願意投資於自己，那麼你可能永遠成為不了專業攝影師。

　　你不妨仔細思量在未來的生涯歷程中，你需要什麼樣的能力？然後，從現在開始好好栽培自己！

可轉換於工作的技能

　　可轉換於工作的技能，是指可以使用在一個以上的情況中、或是可以從學校轉換至工作中的技能。這些技能是確保未來良好工作表現所必須的。請仔細閱讀作業單中所列出的可轉換技能，將之剪成卡片。

　　1.請拿出四張卡片，依下面的指示，放在適當的地方。

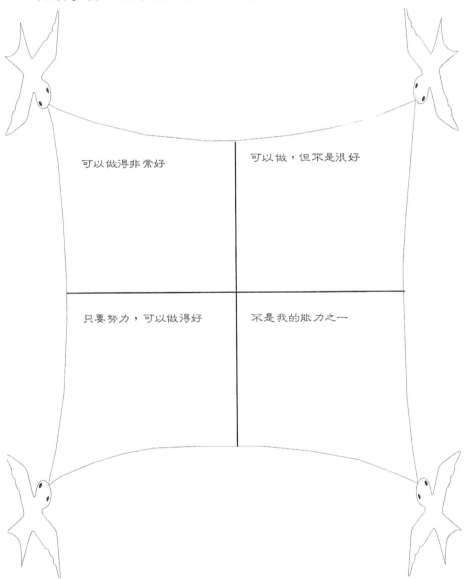

可以做得非常好　　　　可以做，但不是很好

只要努力，可以做得好　　不是我的能力之一

2.仔細閱讀這些技能卡，並根據所描述的技能，判斷自己的感覺，將每張卡片放在前面那些卡片的上面。

3.拿起在<u>可以做得非常好</u>上的那堆卡片，然後根據你可以做得最好的順序排列。

1 _____

2 _____

3 _____

4 _____

5 _____

6 _____

7 _____

8 _____

9 _____

10 _____

4.從<u>不是我的能力之一</u>的那堆卡片上挑出一張，告訴自己你要設法改善它，並且擬定計畫去做。

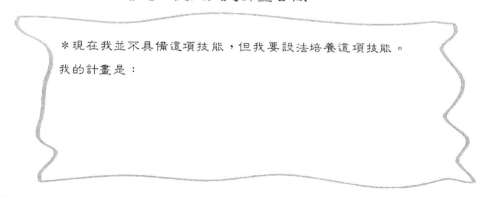

＊現在我並不具備這項技能，但我要設法培養這項技能。

我的計畫是：

★保持身體強健

★改造及裝配東西

★精準快速地處理事物

★把小片塊放在一起—組合東西

★使用工具—例如：鉗子、螺絲、起子、廚具

★研究東西如何運作

★手和眼睛的協調

★從事困難的體力勞動

★靈巧地使用雙手

★開車、騎腳踏車或機車

★修理東西

★身體反應迅速

★顯現身體活動的協調

★研究和蒐集資訊

★使用機器工具、打字機、縫級機、電鑽及其他
　的工具

★複習及評估已發生的事

★注意細節及精密度

★遵循說明及圖表

★以清楚的書寫互傳資訊

★從書籍、電視、收音機等等，找尋資訊

★分析資料及事實

★保存並更新資料

★將資料分類、歸檔

★統計資料

★設計事物、事件及活動

★理財及作預算

★提出新構想

★記住數字或 包含數字的事物

★正確地心算

★參考許多不同的問題解決方法

★分類並篩選資訊

★使用自己的感覺解決問題

★作曲

★透過身體、臉部表情及聲音傳達情感 或想法

★有創意地使用顏色、形狀或空間

★想出解決問題的方法

★迅速、準確地判斷人、事、物

★接受別人的構想並且發揚光大

★助人

★使用資訊來形成構想

★領導並指揮別人

★創意的寫作—故事或詩

★讚美把事情做好的人

★與人聊天

★主動與初次見面者打交道

★組織人群

★說服別人接受一個構想或賣給他們某些東西

★傾聽並且察看別人的觀點

★對別人解釋如何做事

★激勵人們並且讓他們想做一些事

★關心別人感覺

★改造、製造東西：善用身邊的東西：當場製作

★使人覺得受歡迎並且被接受

★透過圖畫及音樂傳達情感或想法

★在團體中、公開的場合表演

生涯技能檢定

下列是一項描述「技能」的量表，請依據你平常的行為表現，對自己目前所擁有的生涯技能做出最真實的判斷。看看你所擅長的生涯技能較傾向於處理資料、接觸人群、還是處理事物方面？

符合 /普通/ 不符合

處理資料方面			
D1.綜合能力：能統整解釋已分析的資料，發現事實或知識。	☐	☐	☐
D2.協同能力：能運用已分析的資料規劃行動方案。	☐	☐	☐
D3.分析能力：能檢視、評估和分析資料間的關係。	☐	☐	☐
D4.彙整能力：能蒐集、整理資料，或將資料分門別類。	☐	☐	☐
D5.電腦能力：能以電腦進行資料的運算和操作。	☐	☐	☐
D6.拷貝能力：能將資料輸入電腦，或以其他方式轉錄資料。	☐	☐	☐
D7.比較能力：能觀察資料、人們和事物，以做出適當判斷。	☐	☐	☐
接觸人群方面			
P1.顧問能力：能對他人提供指導、忠告、諮詢或建議。	☐	☐	☐
P2.磋商能力：能和他人交換看法、資訊和意見，以作決定或解決問題。	☐	☐	☐
P3.教學能力：能藉說明、示範、或練習等指導或訓練他人。	☐	☐	☐
P4.督導能力：能為他人分派工作或責任，並能與其維持和諧關係，提昇工作效率。	☐	☐	☐
P5.娛樂能力：能藉媒體或其他方式來娛樂他人，帶來歡愉情緒。	☐	☐	☐
P6.說服能力：能影響他人的觀點、想法或作法。	☐	☐	☐
P7.指示能力：能與他人談話或指示他人，以傳達或交換資訊	☐	☐	☐
P8.服務能力：能注意他人的需求，並提供立即的回應。	☐	☐	☐
P9.聽從能力：能遵循管理者的指示、教導或命令。	☐	☐	☐

符合/普通/不符合

處理事物方面			
T1.設定能力：能設計、規劃和安裝儀器設備，以利他人操作。	☐	☐	☐
T2.精密能力：能精確地運用判斷力選擇或調整儀器或設備。	☐	☐	☐
T3.操控能力：能啟動、停止、控制或調整儀器或設備。	☐	☐	☐
T4.駕駛能力：能駕駛機器或為機器導航，決定速度、評估距離	☐	☐	☐
T5.操縱能力：能選取或移動儀器、設備或工具。	☐	☐	☐
T6.照料能力：能啟動、停止、和觀察儀器或設備。	☐	☐	☐
T7.供輸能力：能添加原料，或將原料從儀器中取出或更換。	☐	☐	☐
T8.交付能力：能移動或攜帶他人所指示之儀器或工具。	☐	☐	☐

　　檢核過你所需具備的基本生涯技能，你是否對自己更有信心了呢？原來，你其實是很有潛力的！現在，「年輕」是你最雄厚的資本，值得你更積極投資於開發自己的潛能，培養更優越或更高階的生涯技能，才能在不同生涯領域之間游刃有餘。

生涯興趣類型的能力特性

　　生涯學者Holland所提出的生涯興趣類型中，各類型均有其相對應的能力特性，你不妨再次檢核自己的生涯技能是否與自己的生涯興趣相符合？如果符合，該類型可能就是最適合你發展的生涯方向。如果不盡然符合，你可以考慮在你有興趣的領域中好好培養你的能力；或者在你所擅長的領域中培養你的興趣。

A 藝術型：能夠執行需要藝術、創意、表達和直覺等技能的活動，以利用文字、動作、聲音、顏色或具體的方式來傳遞美感、思想和情感。

S社會型：能夠執行需要和人群一起工作的活動，以便告知、啓迪、協助、訓練、發展，或治療他們。

E企業型：能夠執行需要說服、管理、監督和領導等技能的活動，以便獲取某一機構的、政治的社會的，或經濟的利益。

C傳統型：能夠執行需要注意細節、精確度和一些文書技能的活動，以便記錄、編檔，及根據特別指示的程序來組織數字和語文的資料。

R實際型：能夠執行在處理物體、機械、工具、運動配備、植物或動物等方面需要機械能力、體力或協調力的活動。

I研究型：能夠執行需要觀察、評估、評量和理論劃之理智或分析技能的活動，以便解決問題

其他性向測驗結果

下列是目前一般學校中所實施的主要性向測驗及其評量項目。請你的生涯諮商師或輔導老師協助你進行生涯性向測驗,並將測驗得分填寫在下表中。

學術性向測驗		區分性向測驗		通用性向測驗	
測驗項目	得分	測驗項目	得分	測驗項目	得分
英文用法		普通學習		普通學習	
數學用法		語文推理		語文	
社會閱讀		數字能力		數字	
自然閱讀		抽象推理		空間關係	
		文書速度及正確性		形式知覺	
		機械推理		文書知覺	
		空間關係		手眼協調	
		拼字		手指靈巧	
		語言用法		手工藝	

心 的 絲 路

　　心理學家Bandura曾將一個人對自己行動能力的信心，以及對完成特定行動目標或成就表現的信心，稱為「自我效能」。自我效能感很低的人在面對較為困難的任務時，經常會認為自己沒有足夠的能力將事情做好，而頹然放棄，無法堅持下去。

　　我們常會從過去的學習經驗中學到對特定行為結果的期待，而影響到對自己能力表現的信心。經驗是成功的，會對自己再度遭遇類似經驗時的能力表現較具信心，於是也更能全力以赴；經驗是挫敗的，則很難培養起對自己能力表現的信心，甚至會試圖逃避再度經歷類似的情境，而阻斷了自己再度學習的機會。因此，我們為自己設定的生涯目標，常只是反映了我們對自己在某方面能力表現的信心，不見得是自己真正擁有的能力或實際的表現水準。如果我一直不斷地「告訴」自己：我缺乏在公眾場合精彩演說的能力，那麼一遇到公眾場合我就會緊張焦慮，眼神閃爍、聲音顫抖，大概就沒有機會成為知名的演說家了。

　　如果我「告訴」自己：我「有能力」作精彩的演說，只要我做好充分的準備；如果我尚未出現水準的表現，只是因為對陌生的環境仍有些許不適應，或尚未做好充分的準備。那麼，我仍然會願意投注心力去學習如何做一場能贏得滿堂彩的演說。

　　思考自己的能力時，不妨以正向的眼光看待自己尚未被完全開發的潛能和資產，相信自己有能力做一些正向的改變，相信未來不只是不切實際的「夢想」，而是我們有能力去逐步達成的「理想」。

7

我的生涯價值

生涯價值觀問卷

我的理想工作

我的工作目的

我偏好的生活型態

理想的職業生活

　　二十年前的年輕人談到生涯大夢，不外乎是「五子登科」——擁有銀子、房子、車子、妻子、兒子。現在，隨著經濟的發展、社會的變遷，對年輕人而言，有些「子」已可以提前獲得（如車子），有些「子」已不再像從前受到普遍的重視（如兒子）。

　　那麼，現在的年輕人流行什麼生涯大夢呢？每回問起，總有許多人會說：「錢多、事少、離家近」、「位高、權重、責任輕」、「睡覺睡到自然醒」——一個只應天上有，不似在人間的超完美夢想，除了「老闆」之外並不存在的職務。於是，任你在人間尋尋覓覓、蹉跎青春，也很難找尋到這麼美好的差事。因為，一份待遇甚佳的工作，通常也會要求投入較多的工作時間，所擔負的責任較重，而工作壓力也會較大，是絕對不可能「睡覺睡到自然醒」的。所以，當你面臨工作、職業或生活型態的選擇時，你須明確釐清自己最重視的究竟是什麼？

　　生涯學者Bordin主張工作可提供個人內在需求的滿足，個人是透過工作上的表現來尋求個人的意義和價值，也在工作中致力於達成自我的實現。因此，工作世界中可以提供你滿足心理需求的標的物，在你選擇工作或職業時會顯得相當重要，這就形成了你的「生涯價值」。然而，個人所看重的價值，是從與社會環境的接觸經驗中學習得來的，因此你的生涯價值也反映了你所處的社會次文化團體生涯價值體系。Super認為一般人的生涯價值多與工作的特定層面有關，如收入、工作時間、升遷、助人機會、獨立性、變異性、管理等。從事一個和生涯價值相符合的工作或職業，是達成滿意生涯的必要條件。

　　現在，就讓我們一起來探索你的生涯價值。

生涯價值觀問卷

這裡提供你一個評量生涯價值觀的工具。請將下列每一組群中的項目，依你選擇職業或工作時會考慮的重要性，在最右邊的欄位中，填入 1 ─ 5 的數字。

A

我很快能賺大錢	★
即使在我個人的時間，我也願意做這份工作	●
我將為一家好公司及一位好老闆工作	■
我的工作對別人而言，將會真的有幫助	◆
我能以自己的步調，做我自己的工作	▲

B

我會盼望每天去上班	★
我會知道我該做什麼，並且做得很輕鬆	●
我會在我的工作崗位，成為一位真正的專家	■
我不會被佔用太多時間	◆
如果認真工作，我可以獲得加薪	▲

C

我可以在一家非常大的公司裡獲得一個固定的職位	★
我可以看見自己工作的成果	●
我工作時，不會有來自任何人的干擾	■
如果我認真工作，我能夠晉升到高薪的職位	◆
即使我這份工作的薪水不是很高，我還是會做，因為我喜歡	▲

D

如果我工作做得完美，我會獲得讚賞及認同	★
我可以當自己的主人	●
我會變得富有	■
我大部分的時間可以做有趣的事	◆
我有一筆優沃的退休金	▲

E

每一天我都可以決定自己要做什麼	★
我做額外的工作，可以獲得額外的報酬	●
我可以做我最想做的事	■
我會擁有良好的工作環境及公平公正的雇主	◆
我會覺得把工作做得越來越好，是一種挑戰	▲

F

如果薪水高，我不喜歡的工作也會去做	★
我的工作對我而言，會是一種嗜好	●
我會受到完善的職前訓練	■
我會在我的工作方面，成為傑出的權威	◆
工作時，我可以自由地來來去去	▲

G

工作的樂趣會讓我忘記了時間	★
我不可能成為一名冗員	●
許多人會看到我工作的成果	■
我可以自己決定工作的內容和進度	◆
我可以享有高消費水準	▲

H

不管是生病或發生意外事件，我都可以獲得補助	★
我可以充份地發揮自己的天賦	●
我可以自己決定每天該做的工作量	■
如果加班，我的薪水可以增加	◆
在這公司裡，我可以調職至其他有趣的部門	▲

J

我的工作對國家而言是寶貴的	★
我可以自行決定與誰一起工作	●
這家公司的利潤，我可以分紅	■
我會遇見與我興趣類似的人	◆
我的工作中不需要克服任何困難	▲

K

我工作的成效會受到應有的評價，但不會受到監督	★
工作傑出時，可獲得獎金	●
這工作不會令人厭煩或只是例行公事	■
我會相信同事之間的友誼	◆
我會升到一個令人尊敬的職位	▲

計　分

1 ─ 將你每一組群所寫的數字填入下面的框欄。數字必須與
　　每一框欄的圖形配合。如▲中的數字填入▲的框欄，●
　　中的數字填入●的框欄等。

2 ─ 將每一列的數字加起來，結果填在後面總和那一欄。

3 ─ 將你的總和排名次，最高分為第一，次高分為第二，依
　　此類推。

4─排第一的是你認為在你的工作生涯中最重要的事。

A	B	C	D	E	F	G	H	J	K	總和	排名	
★	▲	◆	■	●	★	▲	◆	■	●			M
●	★	▲	◆	■	●	★	▲	◆	■			I
■	●	★	▲	◆	■	●	★	▲	◆			S
◆	■	●	★	▲	◆	■	●	★	▲			R
▲	◆	■	●	★	▲	◆	■	●	★			A

解　釋

M 金錢─從事工作時，你優先考慮的是金錢，這是最重要的因素。

I 興趣─從事工作時，你優先考慮的是興趣。

S 穩定─從事工作時，你優先考慮的是工作及未來的穩定。

R 自豪─你要一份能夠充份發揮你能力的工作。

A 獨立─你要一份能給予最充分獨立自主的工作。

※　現在，請你和朋友們分享和討論你的生涯價值觀。

＊我最為重視的生涯價值是⋯⋯⋯

因為⋯⋯⋯

＊我最不重視的生涯價值是⋯⋯⋯

因為⋯⋯⋯

我的理想工作

如果能夠找到一份完全符合你的理想的工作，無疑是一件令人興奮的事。即使完全符合理想的機率並不太高，但愈是清楚明白自己所追尋的理想，愈能對自己的生涯選擇感到滿意。

仔細閱讀次頁所提供的卡片上的敘述，勾選出九張你覺得較符合你理想工作的卡片。你也可以在空白的卡片上，填寫你自己的理想。接著，請你判斷這九張卡片的相對重要性，依下圖排列順序。將你覺得最重要的排在第一個方格，最不重要的排在第九個方格。

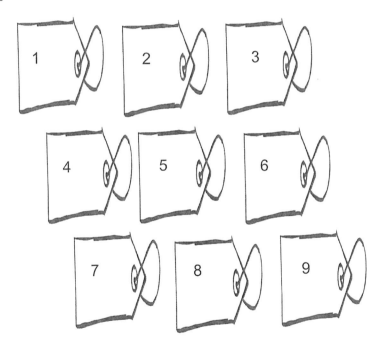

現在，請你和朋友或同學們分享和討論你對理想工作的期待是什麼？為什麼？

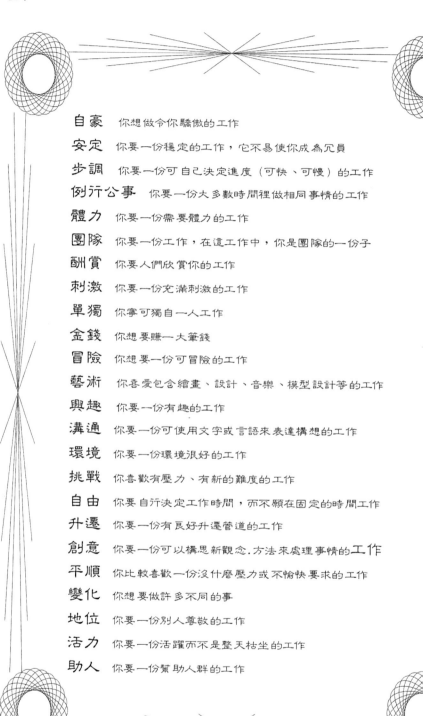

自豪 你想做令你驕傲的工作

安定 你要一份穩定的工作，它不易使你成為冗員

步調 你要一份可自己決定進度（可快、可慢）的工作

例行公事 你要一份大多數時間裡做相同事情的工作

體力 你要一份需要體力的工作

團隊 你要一份工作，在這工作中，你是團隊的一份子

酬賞 你要人們欣賞你的工作

刺激 你要一份充滿刺激的工作

單獨 你寧可獨自一人工作

金錢 你想要賺一大筆錢

冒險 你想要一份可冒險的工作

藝術 你喜愛包含繪畫、設計、音樂、模型設計等的工作

興趣 你要一份有趣的工作

溝通 你要一份可使用文字或言語來表達構想的工作

環境 你要一份環境很好的工作

挑戰 你喜歡有壓力、有新的難度的工作

自由 你要自行決定工作時間，而不願在固定的時間工作

升遷 你要一份有良好升遷管道的工作

創意 你要一份可以構思新觀念.方法來處理事情的工作

平順 你比較喜歡一份沒什麼壓力或不愉快要求的工作

變化 你想要做許多不同的事

地位 你要一份別人尊敬的工作

活力 你要一份活躍而不是整天枯坐的工作

助人 你要一份幫助人群的工作

我的工作目的

　　下列是十五項一般人選擇工作時所秉持的價值觀，反映了工作的目的和意義。在這些工作目的或意義之中，你最看重的是什麼呢？請選出五項你認為最重要的工作目的，劃上「○」號，並加以排出優先順序。接著，再選出三項你認為最不重要的工作目的，並劃上「╳」號。

	生涯價值內涵	生涯價值
	01.工作的目的或意義在於提供機會讓個人為社會大眾的福利盡一份心力，為大眾謀福利。	利他主義
	02.工作的目的或意義在於致力使這個世界更美好，增加藝術的氣氛。	美的追求
	03.工作的目的或意義在於能讓個人發明新事物，設計新產品，或發展新觀念。	創造發明
	04.工作的目的或意義在於提供了獨立思考，學習與分析事理的機會。	智性激發
	05.工作的目的或意義在於能允許個人以自己的方式或步調來進行，不受太多限制。	獨立自主
	06.工作的目的或意義在於能看到自己努力工作的具體成果，並因此獲得精神上的滿足。	成就滿足
	07.工作的目的或意義在於能提高個人身分或名望，受到他人的推崇和尊重。	聲望地位
	08.工作的目的或意義在於能賦予個人權力來策劃工作、分配工作且管理屬下。	管理權力
	09.工作的目的或意義在於能獲得優厚的報酬收入，使個人有能力購置他所想要的東西。	經濟報酬
	10.工作的目的或意義在於能提供安定生活的保障，即使經濟不景氣時也不受影響。	安全穩定
	11.工作要能在不冷、不熱、不吵、不髒的良好舒適環境下進行。	工作環境
	12.工作的目的或意義在於能與主管平等且融洽相處，獲得賞識。	上司關係
	13.工作的目的或意義在於能與志同道合的夥伴一起愉快地工作。	同事關係
	14.工作的目的或意義在於多采多姿富有變化，能嘗試不同的工作內容。	多樣變化
	15.工作的目的或意義在於能選擇自己的生活方式，並實現自己的理想。	生活方式

生涯探索與規劃

現在，請你和朋友或同學們分享和討論你的生涯價值觀。

＊我最為重視的工作目的或意義是.........

因為.........

＊我最不重視的工作目的或意義是.........

因為.........

我偏好的生活型態

　　每個人在工作的餘暇時間，都有他所偏好的生活型態或方式，和工作的性質、時間、收入、社會地位與交往對象等息息相關。請仔細判斷下列各項有關生活型態的敘述對你的重要性，並請在適當的空格上打「○」。想想看，你所偏好的生活型態，和你的生涯價值有些什麼關係？什麼樣的工作或職業，可以讓你擁有你所偏好的生活型態？

生活型態選項	非常重要	普通重要	不重要
01．和父母同住家中			
02．住在郊區			
03．住在休閒活動中心附近			
04．住在文化中心附近			
05．住在工作地點附近			
06．住在穩定安全的環境中			
07．工作即生活			
08．常可以花錢購物			
09．經常出國旅行			
10．擁有許多不動產			
11．擁有許多錢或股票			
12．擁有名牌汽車和衣飾			
13．參與政治活動			
14．參與社區或公益活動			
15．常有時間獨處			
16．有時間陪伴家人			
17．有時間休閒娛樂			
18．經常和朋友聚會			
19．常有夜間的娛樂活動			
20．常有進修機會			

理想的職業生活

在你探索過自己的生涯價值觀和理想的生活型態之後，現在要請你將這些有用的資訊整理起來，看看你的生涯大夢裡有著什麼樣的內涵？

—你想做什麼性質的工作？

—在什麼地方工作？

—和什麼人一起工作？

—每天工作的時間如何分配？

—每天的工作內容如何規劃？

—收入如何？--社會地位如何？-

—能提供你些什麼你所需要的東西？

—工作的發展性與前景如何？

※請用150~200個字描述你理想中的職業生活。

心 的 絲 路

　　曾經在一次生涯價值的自我剖析中，詫異地發現：我考慮可能從事的職業，大多是收入穩定、有良好社會地位、能獨立掌握工作進度、具挑戰性、有較多學習成長機會的職業。這意味著什麼呢？

　　在不斷地自我詢問之後，我恍然大悟：收入穩定的職業保障了最起碼的生存需求，提供我較充分的經濟安全感；良好社會地位的職業，能受到他人的敬重和肯定，亦顯現自己對社會有大用；獨立自主的工作，較能不受他人的約束限制，不必聽從權威人物的指示；挑戰性高的工作，較能顯現自己卓越的能力，帶給自己較大的成就感；有學習成長機會的職業，能促使自己不斷進步、超越自己，於是更肯定自己的潛能，進而實現自己的潛能。

　　原來，我最為重視的生涯價值，一一反映了我內在的心理需求，而這些心理需求似乎與人本心理學家Maslow所提出「生存、安全、愛與歸屬、尊重肯定、自我實現」等心理需求階層不謀而合。這些心理需求同時反映在我對職業或工作的選擇上。這麼說來，我們對工作的薪資期待，是因為在現代社會中唯有金錢能夠購買足夠的生活所需物品，建造不受天災人禍威脅的安全的生活環境；我們對社會讚許或地位的期待，因為我們無論何時何地都需要來自他人的關愛和肯定；當這些需求充分獲得了滿足，然後，我們才能透過工作表現來肯定自己，致力於發揮自己最大的潛能。

如果另一位人本心理學家Rogers的觀察是對的：自我實現是一個連續不斷的歷程，那麼，我就不必勉強要求自己在一時一地都要表現最好。我只需充分準備，認真踏實地工作與學習，然後堅定期待：明天的自己會比今天的自己更好！具有更廣博的知識與豐富的內涵！我相信：能時時體察到今日的自己比昨日的自己更進步，是人生最大的福氣！

8

我的決定風格

決定的難題

選擇的藝術

決定的風格

決定風格評量

　　作決定是人類成長的重要里程碑之一。隨著年齡漸增，我們需學會安排自己的生活，並為一生中的一些重大事件作決定，例如：交友、考試、升學、就業、婚姻、政治、宗教，以及其他許多重要事件等。甚至，我們每天也都須為一些日常生活瑣事作決定，例如，穿衣、吃飯、看書、看電視或電影、度假旅遊，以及其他休閒娛樂活動的選擇等。

　　根據生涯學者Harren的觀察，大部分人的決定風格可歸納為理性型、直覺型、依賴型等三類。「理性型」通常會有系統地蒐集充分的生涯相關資訊，且邏輯地檢視各個可能選項的利弊得失，以作成最滿意的決定。「直覺型」通常較關注個人在特定情境中的情緒感受，作決定全憑感覺，較為衝動，很少能有系統地蒐集相關資訊。「依賴型」傾向於等待或依賴他人為他蒐集資訊且作決定，較為被動而順從，亟需獲得他人的讚許，對自己的決定能力和結果缺乏信心。Dinklage 則進一步歸納了八種作決定的類型：衝動型、宿命型、順從型、延宕型、直覺型、麻痺型、猶豫型、計畫型等。

　　你不妨先行自我評估一下，你作決定時，通常是屬於哪一型？對於日常生活瑣事的決定風格，是否不同於重大事件的決定風格？為什麼會有所不同？你滿意自己的決定風格嗎？如果不滿意，你會希望如何改變呢？

　　接下來，就讓我們一起來探索你的決定風格！

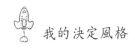

決定的難題

下列是一些你在日常生活中可能會遭遇的選擇，請在每一組所提供的兩個選項間勾選出你比較喜愛的項目，在後面的空格上打「∨」。並在每一待選主題的最後空欄中填入指示的字母之一：「E」表示容易做的選擇，「D」表示困難做的選擇。

主題	選項A		選項B		E／D
早餐	火腿／蛋		麥片粥／土司		
晚餐	豬排		乳酪蛋捲		
運動	足球		橄欖球		
旅行	火車		遊覽車		
顏色	綠色		藍色		
運動	網球		棒球		
甜點	巧克力		薄荷糖		
休閒	溜冰		迪斯可		
鞋子	馬靴		短靴		
音樂	古典音樂		搖滾樂		
電影	鐵達尼號		不可能的任務		
度假	巴里島		新加坡		
放學後	學術課程		職業訓練		
畢業後	升學		就業		
汽車	雷諾		福特		
住所	獨棟房子		公寓		
投資	基金		活期存款		
理財	支票		信用卡		
酒	白葡萄酒		紅葡萄酒		
政治	國民黨		民進黨		
交友					
婚姻					
職業					

※注意那些有「E」記號的答案，並且解釋為何那些答案對你而言容易作決定。

※注意那些有「D」記號的答案，並且解釋為何那些答案對你而言難以作決定。

※當面對一個選擇時，你是如何決定該做什麼的？

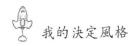

我的決定風格

選擇的藝術

請先閱讀下面的「劇情」——

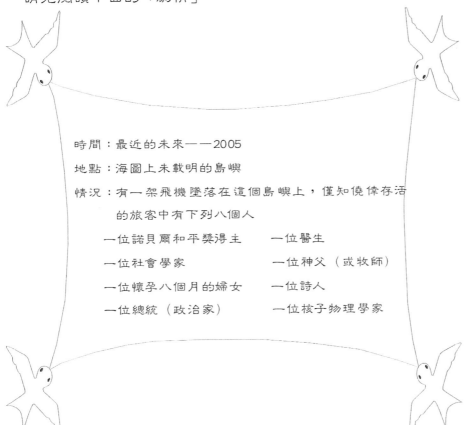

時間：最近的未來——2005

地點：海圖上未載明的島嶼

情況：有一架飛機墜落在這個島嶼上，僅知僥倖存活
　　　的旅客中有下列八個人

一位諾貝爾和平獎得主　　　一位醫生

一位社會學家　　　　　　　一位神父（或牧師）

一位懷孕八個月的婦女　　　一位詩人

一位總統（政治家）　　　　一位核子物理學家

任務 1 —
如果你是一架小飛機的駕駛，正好發現了這些倖存者。但是你只
能載一個乘客，只有幾秒鐘讓你做決定，你要選哪一個？

任務 2 —
現在再讀一次劇情，這一次你的任務是將你認為社會最需要的人
載離這個島嶼。你會載走誰？

任務 3 —
現在你的任務是決定那八個人要留在這個島嶼上建立一個嶄新的
社會。這一群中不需要包含哪一個人？

※在任務 1 中，你選了那一個孕婦嗎？
　如果「是」，你的理由是什麼？

※很可能你和大多數的人一樣，做了相同的選擇。這個決定可以
　稱為「情感的」決定。你想為什麼會這樣？

※在任務 2 中，你選擇現今社會上最需要的人是誰？
　對於這個選擇，你有什麼理由？

※在任務 3 中，你認為建立新社會最不需要的人是誰？
　對於這個選擇，你有什麼理由？

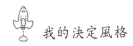

※你在任務１、２、３中的答案是相同的嗎？
　為什麼會不同？

※你不可能發現自己處在如這個「劇情」所描述的那種情況，而
　且在你們的討論中，你可能會發現自己不能立刻作出很好的決
　定。試著解釋為什麼不能。

＊我不能立刻作出很好的決定，是因為：

※你對這個問題的答案應該會幫助你確認作決定過程的一個重要
　部分。考慮下列的議題一
　◆　你被要求決定什麼？
　◆　你有什麼選擇？

※這裡還有一些線索可以幫助你作決定一
　◆　哪一科醫生？　什麼樣的醫生？
　◆　它是哪一種島嶼？　金銀島？
　◆　島上還有沒有其他人？　野人？

※你還需要知道什麼「劇情」中沒有提到的事？

※那麼，你認為作出一個理性決定的過程中，最基本的要素是什麼？

決定的風格

　　如你所知道的，「取得資訊」和「蒐集事實」是理性決定過程中的基本要素。當面臨必須作出決定的任務時，我們需要先蒐集充分的資訊，包括情境、條件、對象、結果等，始能作出較為理性而明智的決定。因此，就如荒島上的飛機駕駛員，當考慮的條件或情境改變時，所作出的決定也會有所不同。而考慮各項條件或情境的理性決定之結果，也必然不同於未充分考慮任何條件或情境之下的衝動性決定（如任務一）。

　　你通常是如何作決定的呢？請舉出最近生活中二至三個作決定的實例，試著歸納出這些決定的共通特性，綜合說明你的決定風格。

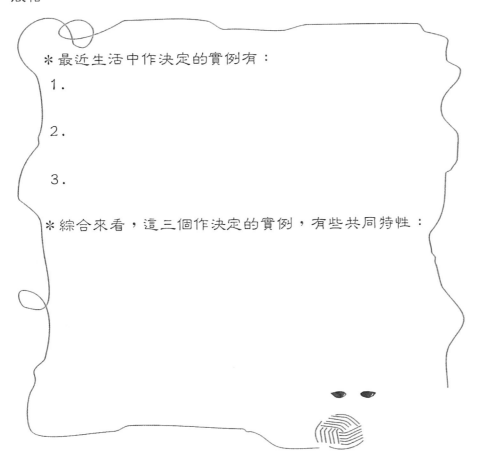

＊最近生活中作決定的實例有：

1.

2.

3.

＊綜合來看，這三個作決定的實例，有些共同特性：

決定風格評量

以下所列的各項陳述句，是一般人在處理日常事務及生涯決定時的態度、習慣及行為方式。請評量每一陳述句與你實際情形的符合程度。

符合/不符合

01.	我常匆促做草率的判斷。	☐	☐	★
02.	我常憑一時衝動行事。	☐	☐	★
03.	我經常改變我所作的決定。	☐	☐	★
04.	作決定之前，我從未做任何準備，也未分析可能的結果。	☐	☐	★
05.	我常不經慎重思考就作決定。	☐	☐	★
06.	我喜歡憑直覺做事。	☐	☐	★
07.	我做事時不喜歡自己出主意。	☐	☐	●
08.	做事時我喜歡有人在旁邊，以隨時商量。	☐	☐	●
09.	發現別人的看法與我不同，我便不知該怎麼辦。	☐	☐	●
10.	我很容易受別人意見的影響。	☐	☐	●
11.	在父母、師長或親友催促我作決定之前，我並不打算作任何決定。	☐	☐	●
12.	我常讓父母、師長或親友來為我作決定。	☐	☐	●
13.	碰到難作決定的事情，我就把它擺在一邊	☐	☐	▲
14.	遇到需要作決定時，我就緊張不安。	☐	☐	▲
15.	我做事總是東想西想，下不了決心。	☐	☐	▲
16.	我覺得作決定是一件痛苦的事。	☐	☐	▲

符合/不符合

		符合	不符合	
17.	為了避免作決定的痛苦，我現在並不想作決定。	☐	☐	▲
18.	我處理事情經常會猶豫不決。	☐	☐	▲
19.	我會多方蒐集作決定所必須的一些個人及環境的資料。	☐	☐	■
20.	我會將蒐集到的資料加以比較分析，列出選擇的方案。	☐	☐	■
21.	我會權衡各項可選擇方案的利弊得失，判斷出此時此地最好的選擇。	☐	☐	■
22.	我會參考其他人的意見，再斟酌自己的情況來作出最適合自己的決定。	☐	☐	■
23.	經過深思熟慮之後，我會明確決定一項最佳的方案。	☐	☐	■
24.	當已經決定了所選擇的方案，我會展開必要的準備行動並全力以赴做好它。	☐	☐	■

★ 衝動直覺型
● 依賴型
▲ 逃避猶豫型
■ 理性型

※ Harren分析一般人的決定風格有下列三大類型：

決定類型	說明
理性型	有系統地蒐集充分的生涯相關資訊，且邏輯地檢視各個可能選項的利弊得失，以作成最滿意的決定。
直覺型	較關注個人在特定情境中的情緒感受，作決定全憑感覺，較為衝動，很少能有系統地蒐集相關資訊。
依賴型	等待或依賴他人為他蒐集資訊且作決定，較為被動而順從，亟需獲得他人的讚許，對自己的決定能力和結果缺乏信心。

※ Dinklage 則將人們作決定的風格歸納為八個類型：

決定類型	說明	行為特徵	好處
1. 衝動型	決定的過程基於衝動，決定者選擇第一個遇上的選擇方案，立即反應。	先做了再說，以後再想後果。	不必花時間蒐集資料。
2. 宿命型	決定者知道作決定的需要，但自己不願作決定，把決定的權力交給命運或別人，因此認為做什麼選擇都是一樣的。	船到橋頭自然直。天塌下來會有大個子頂著。反正時也、運也、命也。	不必自己負責任。減少衝突。
3. 順從型	自己想作決定，但是無法堅持己見，常會屈服於權威者的指示和決定。	如果你說O.K.，我就O.K.	維持表面和諧。
4. 延宕型	知道問題所在，但經常遲遲不作決定，或者到最後一刻才作決定。	急什麼？明天再說吧！	延長作決定的時間。
5. 直覺型	根據感覺而非思考來作決定。只考慮自己想要的，不在乎外在的因素。	嗯，感覺還不錯，就這麼決定了。	比較簡單省事。
6. 麻痺型	害怕作決定的結果，也不願負責，選擇麻痺自己來逃避作決定。	我知道該怎麼做，可是我辦不到。	可以暫時不作決定。
7. 猶豫型	選擇的項目太多，無法從中做出取捨、，經常處於掙扎的狀態，下不了決定。	我絕不能輕易決定，萬一選錯了，那就慘了。	蒐集充分完整的資料。
8. 計畫型	作決定時會傾聽自己內在的聲音，也考慮外在環境的要求，以做出適當且明智的抉擇。	一切操之在我。我是命運的主宰，是自己的主人。	主動積極，面對問題，解決問題。

※ 請試著判斷你自己的決定風格是屬於哪一型？

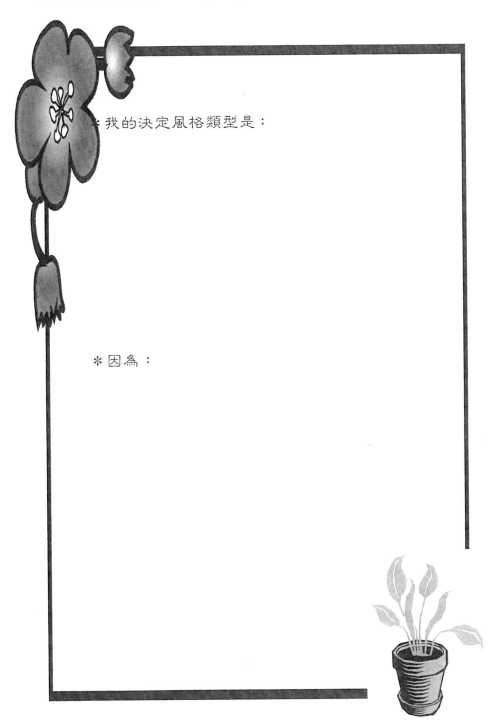

* 我的決定風格類型是：

＊因為：

心的絲路

　　有一天的中午時分，我正在公車站牌等候公車，一個開車經過的朋友見到我，停了下來。因為去處的方向不同，他不能載我一程，但是仍然好心地拿出兩個他剛從超級市場買來的三明治，說他吃不了兩個，要我一定要拿著一個當作午餐。我望著那兩個新鮮、誘人的三明治——一個夾著鮪魚、一個夾著培根肉片——不知該如何選擇？於是，我請他先選出一個他最喜歡吃的留下來，我就理所當然「選」另一個。結果，他還是堅持要我先選擇一個，因為他說任何一個他都喜歡。

　　這時，我倒遲疑了，擔心其中一個三明治可能是他的晚餐，若是被我拿走了，他晚餐豈不是沒了著落？聽說了我的擔心，他笑得燦爛。他坦承晚餐已和朋友有約，之所以一口氣買了兩個三明治，只是因為他已經站在三明治櫃前端詳許久，仍無法決定要買哪一個，只好兩個全要了。遇見我，像是遇見了從天而降幫他解圍的救星。

　　魚與熊掌兼得，是許多凡夫俗子對幸福的期盼。然而，世事總難如此美好。不是取了熊掌，顧不了魚兒；就是擁有二者，恐怕自己也無福消受。當所獲得的多於所需求的，取捨之間都是煩惱。因此，如何抉擇，反而才是決定幸福與否的關鍵。

　　衝動決定，常會讓自己後悔莫及。

　　等待奇蹟、依賴他人，則只能解決暫時的問題，問題仍然存在。累積的決定壓力，會讓自己更感到焦慮不安、張惶失措，於是也更進退失據、猶豫不決。

　　而猶豫不決又對自己造成莫大的壓力，只好等待神蹟、依賴上帝。

　　其實，當面臨選擇時，眼前的任何選項必然有得有失、有優有缺（優缺差距過於懸殊，就不需要選擇了）。若能理智地認清世事皆無十全十美的事實，只須權衡輕重得失，當能漸增自己理性決定的功力，逐漸培養出理性決定的風格。

　　理性決定，即是慎思、明辨、篤行的決定。仔細思考分析各個選項的優缺得失，辨認出對自己最具有重要性的優點，選擇擁有該項優點最大比例的選項，並接納該選項可能會有的缺失，最後堅持不懈地付諸行動。

　　選擇，不只是風格問題。更是一項亟待培養的能力。

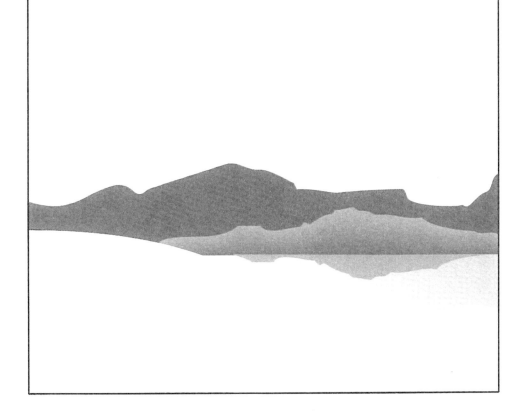

9

我的生涯信念

生涯決定的故事

不適應生涯信念

★

我的生涯信念驗證

　　每個人都有參加聯考的經驗吧？假使落榜了，會怎麼樣呢？如果你的看法是：「落榜了將來一定找不到好工作」、「落榜證明我很笨」、「我的未來沒有希望」、「人家會瞧不起我」………你把落榜看成一個致命傷，以為自己完蛋了，整個人生都變成悲劇，那麼，你可能會非常沮喪、憂愁，再也提不起奮鬥的勇氣。但是，落榜真的會找不到好工作、未來沒有希望、被人瞧不起嗎？可能你會發現並不是真的如此，這只是你的假設、你的想像罷了，而這個想像是誇大、不正確的、使自己適應不良的，甚至是個迷信。

　　事實上，聯考落榜只是表示你的準備不周、不夠用心，或是你的能力不在這個方面，你仍然可以記取教訓全力以赴或嘗試從其他方面發展，相信終於能找到合適的生涯崗位，成就一番事業，未來仍然充滿著希望！如果你把落榜看成一次考驗、一次轉機，那麼也才能以愉快的心情，勇敢向未來挑戰。

　　「勝敗乃兵家常事」是現實世界中存在的事實，我們每個人都帶著自己的眼鏡來看待勝與敗的局面，於是勝敗就有了不同的意義。這副眼鏡就是我們的看法或想法。

　　塞翁失馬，焉知非福呢？最妨礙自己的，與其說是原來的不幸事件，倒不如說是對於這個不幸事件的想法，擾亂了生活、妨礙了成長、破壞了心理上的寧靜，才終於使我們裹足不前，提不起行動的勇氣。

　　譬如，當我們坐在公車上時，看到一位年邁老人走上公車，站在自己身邊，你可能會在腦海中閃過許多想法：「這麼老了，恐怕站不穩吧？我讓位給他好了。」、「可是我也站好久哩！才剛坐下，腳還酸得很，坐一會兒吧！」、「讓位給老弱殘障是應該的，如果我不讓位，就太不應該了！」、「也許有別人會讓位，我還是坐吧！」你瞧，讓與不讓之間，腦電波就已經千迴百折了。即使最後決定讓位，選擇「同情」的，可能毅然決然，心中充滿助人為快樂之本的喜悅；選擇「應該」的，可就不情不願，自認倒楣，也許一整天還為此懊惱不已哩！至於決定不讓位的，也有「莫不在乎型」和「天人交戰型」，當然二者的心情也

會差之千里了。

　　想法真是一副奇妙的眼鏡，通過鏡片上的凸透鏡或凹透鏡，我們所看到的現實世界，就變幻著許多面貌。

　　美國文豪愛默生（Emerson, R.W.）說：「一個人便是他整天想著要做的那一種人。」看似拗口，實則充滿令人玩味的深意。可不是嗎？如果你整天告訴自己「我要成為成功的企業家」，你一定會找到克服艱難阻礙的方法；如果你整天以否定、消極的信念向自己催眠「我口才不好、容易臉紅……」，就沒有多餘的思考空間來改變現狀了。

　　現在就讓我們一起深入來探索，當面臨生涯決定的問題時，你會有哪些影響你作決定的想法呢？這些想法如何影響你的決定？

生涯決定的故事

　　請仔細閱讀兩則生涯決定的故事，並和你的朋友或同學們一起討論，故事中的主人翁有哪些不適應的生涯想法？

　　故事（一）苦惱的志堅

　　　　一位徘徊於大學窄門外的青年志堅，非常地沮喪、懊惱！因為他是家中長子，父母望子成龍的心情極為殷切，對他的期望甚高，而他也一直以優異的表現不讓父母失望。直到高二選組時，情形有了些許的改變。父親原希望他就讀自然類組，好繼承衣缽，於是他只好在不願拂逆父親心意的情形下，選擇了既無興趣、基礎也不佳的自然類組。結果經過一年焚膏繼晷的苦熬，仍然在聯考關卡上敗陣下來，使他初嚐落榜的挫敗滋味。

　　　　他對於自己竟然在求學過程中最重要的一次考試上名落孫山，心中惶愧至極，但是他可不願如此輕易地認輸，他下定決心翌年捲土重來，好洗雪前恥。然而他非常猶豫，到底是繼續報考自然類組，或是改考社會類組呢？

　　　　他想，未來如果再花一年時間好好準備自然類組的科目，相信第二年可以考取，但不一定考得上心目中理想的學校及科系，且就讀後恐怕也無法施展其性向特長，很可能繼續飽嚐事倍功半之苦。另一方面，他自小即非常欽仰一些出類拔萃的外交官，夢想自己有朝一日也能成為外交界的尖兵，在談判桌上縱橫捭闔。然而，他擔心自己的資質不高，性情不活躍、羞澀、木訥，口才不佳，反應也不夠靈敏，與一般人心中的外交官形象差距甚遠，所以，他也很難判斷改考社會類組是否合適。究竟他應如何抉擇呢？這困境實在令他感到十分地苦惱焦慮。

故事（二）沮喪的素娟

有一位年輕女孩素娟，國中畢業後為了負擔家計已在社會上工作了十年。直到最近，她看見許多和她一般年紀的青年，無論是學業或事業都有相當的成就，於是，她愈來愈感到自己學歷太低，升遷無望，對於自己似乎永遠無所作為的現狀覺得相當沮喪。

但是，不願向命運低頭的想法正像是潛伏在心中的洪流一般，日漸蠢動，她好希望掙脫學歷帶給她的枷鎖，有朝一日也像那些碩士、博士般揚眉吐氣，受到別人的重視。這念頭反覆在她心中翻騰好久，總是沒有任何行動。

她擔心自己的程度太低了，英文、數學都一竅不通，根本考不取大專學校；而且，她實在太久沒念書了，恐怕沒辦法適應學校生活；何況，家計仍是一個沉重的負擔，如果她全心念書，恐怕經濟上會後繼無力；她也怕別人會笑她癡心妄想、做白日夢，所以她始終不敢和別人商量這件事。

好幾次她都決定要放棄了繼續升學的念頭，覺得自己簡直是癡人說夢，可是，她仍是不甘心的，難道這一輩子都翻不了身了嗎？

※你能辨認出故事（一）中的志堅，有哪些不適應的生涯想法
嗎？請寫下來，和你的朋友或同學一起分享和討論。

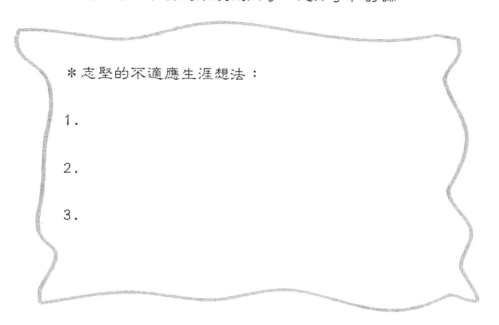

＊志堅的不適應生涯想法：

1.

2.

3.

※你能辨認出故事（二）中的素娟，有哪些不適應的生涯想法
嗎？請寫下來，和你的朋友或同學一起分享和討論。

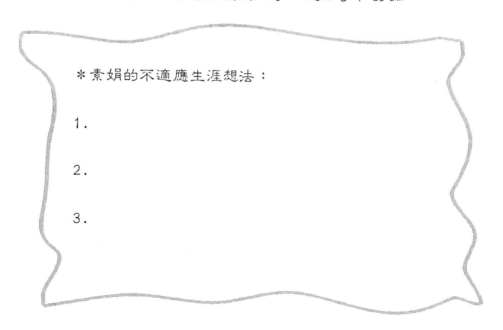

＊素娟的不適應生涯想法：

1.

2.

3.

不適應生涯信念

　　有位即將從學校畢業的青年，在他所學的商業經營科目上獲得很優異的成績，他很希望畢業後能接觸實際的商業經營事務，但是他非常害怕在陌生人面前開口說話，因為他認為自己的口才太差，容易臉紅，而且沒有引人注意的相貌。他相當憂慮自己無法在商業經營實務上有傑出的表現，甚至懷疑自己是否應該從商。於是，他像迷途的羔羊般迷失在生涯的十字路口。

　　你知道是什麼原因使這位成績優異的年輕人在生涯路上舉足不定嗎？是他不斷向自己重覆、努力使自己相信的一些生涯信念——「口才不佳、沒有引人注目的外表，就無法在商業上有所成就。」反過來說，也就是「只有辯才無礙、相貌堂堂的人才是傑出的商業人才。」而他「口才不好、容易臉紅、相貌平平」，所以無法有傑出表現。他為工作設定了一個必要條件，又以自己沒有足夠的條件而裹足不前。這些阻礙自己進行有效生涯決定的信念，就稱為「不適應生涯決定信念」。

　　事實上，我們多在某種程度上受到潛藏於內心深處的否定或不適應信念的催眠，使自己終於相信這些信念是真實的。這些否定信念對我們情緒與行為所產生的影響，就像催眠師加給被催眠者心中的否定暗示作用一樣。譬如，當一位舉重選手聽到催眠師說：「現在你不能從桌上舉起一支鉛筆」時，儘管他平時總能很輕易地將數百磅的重量高舉過頭，現在卻真的連一支鉛筆都舉不起來了。否定的暗示使他打敗了自己，以致無法發揮出他原有的力量。

　　那麼，究竟那些不適應生涯決定信念經常向我們催眠、給予我們否定的暗示，使我們無法有效或適應良好地決定自己的生涯方向呢？根據生涯決定學家Mitchell（1980）的歸納，共包括四類個人認知系統的「以偏概全」情況：

一、自我觀察方面

　　1.有關個人價值

　　　如：「我必須要受人尊重。」

　　　　　「我應該要讓其他人感到滿意。」

　　2.有關興趣

　　　如：「我討厭看到血，所以我不會是個好醫生。」

　　3.有關工作能力的信心

　　　　如：「因為我沒有足夠的聰明才智，不能從事專業性的工作。」

二、世界觀方面

　　1.有關工作的性質

　　　如：「會計是一種單調乏味的工作。」

　　2.有關工作的條件

　　　如：「所有擔任律師工作的人，都是自信且自我肯定的。」

三、決定的方法與結果方面

　　1.方法

　　　如：「總有人可以了解我，然後幫我作更好的決定。」

　　2.結果

　　　如：「一旦我選擇了某項職業，我就必須永遠固守崗位。」

四、滿意的生涯所需條件方面

　　1.他人的期待

　　　如：「如果我在事業上沒有闖出一番成就，我的父母將會
　　　　　非常失望。」

　　2.自己的標準

　　　如：「我必須成為某職業領域中的專家
　　　　　或領導者，才算是成功的生涯。」

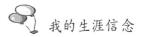
　　想想看，你是否也有類似的一些以偏概全的想法？你正受到那些不適應生涯決定信念的催眠呢？如果你的生涯觀真是以偏概全或適應不良，會導致什麼樣的禍果呢？試著回想你面對生涯決定問題時的一些想法，將可能會帶給你苦惱、挫折的不適應生涯信念記錄下來。

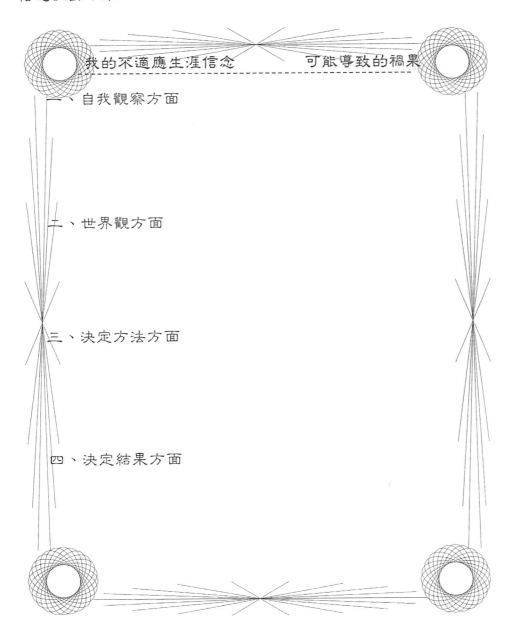

我的不適應生涯信念　　　　可能導致的禍果

一、自我觀察方面

二、世界觀方面

三、決定方法方面

四、決定結果方面

我的生涯信念驗證

你是否希望做某件事、希望自己在某方面有傑出的表現，卻又常常浮現一些不適應的想法：「我做不到」、「那是不可能的」、「我沒辦法……」，使你的心情消極頹喪，以致畏縮不前？如果你很想根除這些對你的行為、心情產生不良影響的想法，那麼，學習問一問自己幾個：這是「什麼？」、「怎麼會這樣想？」，以及「為什麼？」……

「為什麼認為自己做不到？」
「為什麼認為不可能？」
「為什麼我會有這個想法？」

然後，再問一問自己下列幾個問題：

1. 這個想法是以事實為根據，還是以假設或錯誤結論為根據呢？它是真的嗎？
2. 這個想法是否有合理的證據？
3. 這個想法是否導致自己犯下某些錯誤？
4. 在同樣情況下，他人的想法是否與我相同？
5. 如果沒有理由相信它，為甚麼我還要繼續這樣想？
6. 是否有其他較合理性的想法？
7. 這些較合理性的想法是什麼？

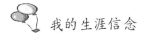

　　你得動一動腦筋，用心思考，為自己找出一些合理的答案來。這樣，才不至於受不適應想法所矇騙，使自己因為信以為真而錯估了自己，貶低了自己，行動也受到束縛。

　　請依據下表中所提供的問題，設法逐一驗證你的不適應生涯信念，並試著提出較理性且符合實際情況的想法。

1.我所要驗證的想法是......

2.我如何找證據來驗證我的想法？

3.支持我想法的證據是......

4.不能支持我想法的證據是......

5.我可以有較理性且符合實際情況的替代想法是......

6.如果我能以較合理性的想法來思考，我會......

理性的生涯想法

故事（一）苦惱的志堅

阻礙生涯決定的想法	假設－驗證	合理性想法
1.只有依照父母的心意去做，才不會讓父母失望。（我的生涯決定必須讓父母感到滿意。）	真有這麼嚴重嗎？	父母的心意有時並不適合自己的興趣、能力，很難讓父母及自己都滿意。
2.落榜是一件極不榮譽的恥辱。	真是這樣嗎？	勝敗乃兵家常事，並非恥辱。
3.一定要考上理想的學校、科系，才令人滿意。	理想的就一定會滿意嗎？	即使不理想，仍可以努力獲取一番成就。
4.即使再花一年時間好好準備自然類組科目，也不見得能考取理想學校。	真的嗎？	只要願意全力以赴，仍有機會考取理想學校。
5.理想的科系必須能施展性向特長，否則一定事倍功半。	如何施展性向特長？	宜考慮自己的性向、特長，但仍可在其他方面有所發揮。
6.外交官應該要性情活躍、口才便給、反應靈敏，而我羞澀木訥、口才不佳、反應遲鈍，所以不適合當外交官。	一定要有這些條件嗎？可以訓練嗎？	有些外交官並不全符合這些條件，何況我可以藉由學習、訓練改進缺失。

故事（二）沮喪的素娟

阻礙生涯決定的想法	假設－驗證	合理性想法
1.學歷太低升遷無望，似乎永遠無所作為。	學歷低就不會有成就嗎？	行行出狀元，可在其他方面贏得成就。
2.如果安於現狀就永無翻身之日。	現狀不可能改善嗎？	現狀不會維持到永遠。
3.只有碩士、博士才能揚眉吐氣、受人尊重。	沒有高學歷就不會受人尊重嗎？	實力比學歷更加受人尊重。
4.英數一竅不通，不可能考上大學。	英文數學真的沒辦法補救嗎？	英數可藉加倍努力來增強實力。
5.太久沒念書，就不能適應讀書生活。	習慣無法改變嗎？	任何一種生活都需要慢慢去適應。
6.如果念書，經濟上就會有困難。	實際上真是如此嗎？	念書並不表示將工作全盤放棄。
7.別人一定會笑我癡心妄想。	別人一定會笑你嗎？	或許有人會笑我，但也一定會有人肯定我的努力。

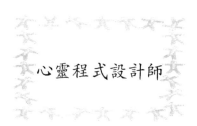

心靈程式設計師

　　有一位老婆婆經常哭泣，她不但下雨時哭，晴天她也哭，左鄰右舍都喚她「哭婆」。有一天來了一位老和尚，忍不住好奇地問她：「老婆婆，妳為什麼哭呢？」老婆婆含著眼淚，傷心地說：「因為我有兩個女兒，大女兒嫁給賣雨傘的，小女兒嫁給賣麵條的。天氣好的日子，我就想到大女兒的雨傘一定賣不出去。下雨了，我就想到小女兒店裡做的麵條沒有陽光曝曬，我總是非常擔心啊！」老和尚聽後笑著說：「妳其實只要把想法改一改就可以不必哭泣了。晴天時，妳應想到小女兒的麵店會生意興隆；雨天時，妳可以想大女兒的雨傘一定賣得很好。這不是很令人愉快的事嗎？」老婆婆聽了恍然大悟，從此好哭的婆婆再也不哭了，無論晴天、雨天總是笑嘻嘻的，人家也就改口喊她「笑婆」了！

　　你是哭婆還是笑婆呢？天雨或天晴並不是老婆婆可以左右的，但是她卻可以有不同的想法，因而心情感受也就由哭變笑。

　　聽過非洲賣鞋的故事吧？兩位經營鞋業的商人計畫到非洲去發展市場，於是兩人相約先到非洲部落去作商務考察，結果發現非洲人竟然是不穿鞋的。甲商人見到這種情形感到相當沮喪，心想：「這地方大家都不穿鞋，不可能會有生意的。」於是他急急地收拾行李打道回府。乙商人卻覺得相當興奮，因為他想：「這是一塊正待開發的處女地呀！只要有計畫的教育、推廣，一定可以大展鴻圖的！」

　　於是他果真花了幾年功夫努力開發當地的鞋業市場，成為最受人敬重的大富翁。

　　你瞧！一個樂觀、積極而理性的想法，可以使人將沮喪的心情換為愉快的，從而精神抖擻、勇往直前。

甲乙二人都因車禍而致身體殘障，甲一天到晚憂鬱、自卑、牢騷滿腹，相信自己殘障的模樣會受人的輕視，沒有人會喜歡他，也找不到好的工作，因此，他只好躲在家裡怨天尤人、憤世嫉俗。乙也曾經沮喪過，但有一天他想通了，雖然失去了肢體上的某一種能力非常可惜，但是他知道自己身上本來不只有這種能力，另外還有許許多多的能力等著他去發揮，如果因為肢體上的缺陷而完全埋沒了自己，就因小失大，浪費了一生。於是他振作起來，接納自己，使危機變成他成長的機會，終於他在另一方面發展了他的長才，獲得令人刮目相看的成就，而別人也相當尊重他，生活仍然多姿多彩。

甲乙二人遭遇了同一種情境，但由於他們對情境的看法不同，判斷不同，所以導致完全兩樣的情緒，採取迥異的行動，結果也就大相逕庭了。

曾有攀爬荒山的經驗嗎？如果遠遠瞥見一條粗大蟒蛇吐信而來，會有什麼反應呢？生理上可能心臟跳動加速、呼吸急促，情緒上則恐懼、緊張、害怕等全都排山倒海湧上心頭。於是，有的人嚇得手腳發軟，有的人拔足狂奔。是什麼決定了我們的行為反應方式呢？很多人認為這些行為反應要歸因於「情緒」。

然而，激發情緒反應的又是什麼呢？是「想法」──由外界收集訊息、鑑別、決定輸出反應的「認知系統」；情緒只是一個結果。

也就是說，我們只是根據自己「認為」、「相信」、「假設」或「想像」的環境真相做出反應；即使事實只是一條粗草繩而已，如果我們「相信」是蟒蛇，則相對應的情緒及行為反應必接踵而至。

倘若將人腦比喻成電腦，我們每個人就是操作電腦的程式設計師，認知系統以它特殊的程式選取外界環境中的許多訊息，輸入電腦；再以它特殊的程式操作資訊，形成結論或解釋；最後再輸出成反應──情緒反應或行為反應。

事件或現象	←	想法、信念假設、解釋	→	情緒行為

我們的認知系統通常是先知覺到一種刺激情境，然後以自認為真實的情況，為心靈設計程式。這一點決定了我們的心靈歷程以及我們的行為，而心靈歷程及行為又決定認知系統如何知覺下一個情境。如此環環相衍下來，我們植入腦中的程式，常常只是「自認為」真實，卻已和現實有了一段距離。

所以，我們的行動和感覺並不依循事物本來的面貌，而是依照我們對這些事物所抱持的想法和信念；我們對於自己、現實世界和周遭的人，都會產生特定的想法或信念，一切表現也以自認為的真相和現實為依據，而非以事物本身所代表的現實為依據。

想法不同，經驗或感受便隨之改變。如果我們對自己或外在環境的觀念和意象是扭曲的、不真實的，那麼我們的一切反應也隨之扭曲。

譬如，假如我們認為自己的遭遇真是倒楣不幸，我們的心情也會痛苦、憂鬱甚至感到人生乏味。於是所有的行為也都朝向一個悲劇性的結果所以一切困擾、煩惱、痛苦，事實上並非來自於事件或環境本身，而是來自於我們對環境的看法、對事件所採取的想法。就像是塞翁失馬，幸與不幸全在一念之間。

由於人具有主動觀察、選取及反應外界訊息的能力，所以心理學者Kelly 和Beck都認為，每個人都可以成為一位熟練的科學家，他會對他所接觸到的許多現象或事物進行觀察，形成假設，這個假設就是我們的想法。想法既然是假設性的，就有必要從多方面尋找客觀證據來驗證其是否合於現實、是不是真的。如果很多證據都顯示假設是正確的，我們才能肯定它的真實性；否則，我們就應以驗證的結果來修正假設，甚至放棄原來錯誤的假設，提出另一個較為合理的假設，再加以驗證；最後才能獲致有效的結論。

事件或現象　　→　　提出假設　　→　　驗證　　→　　修正假設　　→　　結論

　　經過此一科學驗證的歷程，我們才能以新的、客觀的心靈程式來處理環境中的訊息，減少許多不必要的錯誤與困擾。我們經常在證據不足的情形下，作主觀的判斷，就好比摸象的瞎子一般，如果我們的心是盲的，即使我們「看」到，也只不過是象的鼻子、耳朵、牙、腳、尾巴等片面的部份，而我們卻很輕易地以為那就是象，於是產生種種的誤解──看到象牙的，也許被它銳利的模樣嚇得半死，以為象一定非常兇狠，再也不敢接近象了。當我們只從一個偏差的角度去看某件事情時，就很容易「鑽牛角尖」、「想不開」，或是像哭婆一樣抑鬱寡歡，或是像甲一樣裹足不前。

　　所以我們必須效法科學家一般使心與腦保持源頭活水的靈動，從更寬廣的角度去找尋客觀的事實證據，讓思想翱翔於開闊的空間，而不是侷限在舊有的框框中。

　　有一次，坦山和尚與道友走上一條泥漿路，此時天上仍下著大雨。他倆在拐彎處遇到一位漂亮的女郎，因為身著綢布衣裳和絲質衣帶而無法渡過那條泥路。坦山見了，就毫不猶豫地抱起女郎跨過泥路，然後女郎就道謝離開了。道友一直滿腹狐疑卻悶聲不響，直到天黑掛單寄宿才按捺不住地詢問坦山：「我們出家人應不近女色，特別是年輕貌美的女子，你為什麼那樣做呢？」坦山答道：「你說那個女子呀！我早就把他放下了，你還抱著嗎？」

　　女子原只是女子罷了，換一種角度來看，她就不是阻礙和尚修行的孽障，反而是心中時刻記掛女子的人才會使思想陷溺在牢籠中。

　　思想，它有翅膀啊！乘著思想的翅膀，海闊天空任你到處翱翔！於是，從一朵花中可以觀看世界，從一粒砂中可以想見天堂。

10

工作世界探索

 台灣特有行職業

蒐集職業資訊—求才廣告大搜索

台灣十大熱門行業

蒐集職業資訊—網路資源

 蒐集職業資訊的方法

蒐集職業資訊—生涯人物訪談

評估職業的方法

生涯人物專訪報告

蒐集職業資訊—職業簡介

蒐集職業資訊—實際接觸

俗話說「三百六十行，行行出狀元」，浩瀚的工作世界包羅萬象，各類不同的行業有不同的工作內容和工作方式；即使是同一類職業中，也因工作層次與責任的高低之分，使得所要求的條件資格有甚大的差異。

在我國行政院勞工委員會職業訓練局所出版的「行職業展望」中，「行業」一詞係指經濟活動部門之種類，而「職業」係指工作者個人本身所擔任的職務或工作。例如工、商、農林漁牧、公教、軍警等是「行業」，而「會計師」或「會計人員」的「職業」則可能分佈於各種不同的行業中。

有關工作世界和職業的資訊，一般而言包括三個層面：(1)資訊的類型，如對職業的描述、工作條件、或薪水等，(2)職業分類系統，以某種分類系統歸納千萬種職業，(3)職業所要求的特質和條件。

在職業資訊方面，個人應蒐集許多不同發行來源的職業資訊，包括政府單位如職訓局或青輔會所出版的職業簡介等官方文件，專業職業組織或出版社所出版的手冊、書籍、職業百科等，以及以視聽媒體或先進科技形式出版的職業資訊，如錄音帶、錄影帶、微縮片、電腦輔助資訊系統等。

在職業分類方面，我國勞委會職訓局所出版的「職業簡介」中提供兩種分類方式，以利搜尋工作者進行職業之檢索。一為「標準分類」，係按個人從事之有酬工作，將其性質相似或相近者分別歸類，並做有系統之排列；一為「通俗分類」，則依國人所熟悉且通用的原則分類。所列舉的各項職業之簡介，均包括了下列內容：概說、工作環境、工作時間及待遇、所需資格條件、教育與訓練、未來展望等。

由美國學院測驗計畫(American College Testing Program, ACT)於1985年所發展出來的「工作世界地圖」(World-of-Work Map)，近年來普遍被應用於生涯選擇的輔導工作中。其分類的雙主軸是「資料─思維」和「事物─人群」，由此區分出四個主要的分類象限，歸納十二個工作族群：

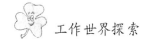
工作世界探索

1. 零售、直銷工作
2. 管理、計劃工作
3. 出納、薄記工作
4. 文書、秘書工作
5. 辦公事物、機械工作
6. 建築機械工作
7. 工程及應用工學
8. 自然科學及數學
9. 應用藝術（視覺）
10. 醫藥及醫藥工程
11. 應用藝術（語文）
12. 教育與社會科學

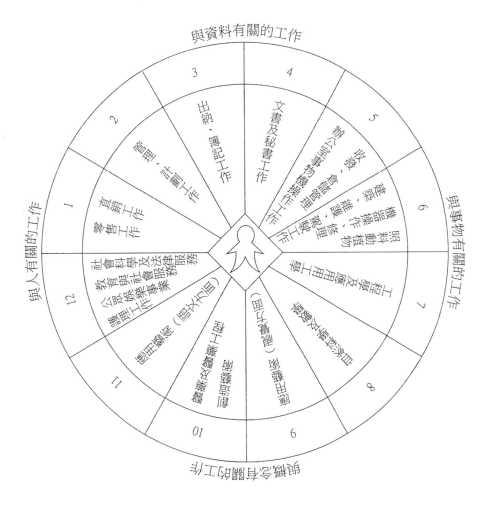

127

　　此外，如網路104人力銀行為了更能掌握產業人力需求的動態，將整體產業區分為七大部門，依其受求職者歡迎的程度加以排序為：資訊科技業、商業流通業、傳統製造業、金融工商服務業、媒體文教業、不動產相關業、餐旅醫藥業。這些行職業的分類狀況，是初步瞭解工作世界的不二法門。

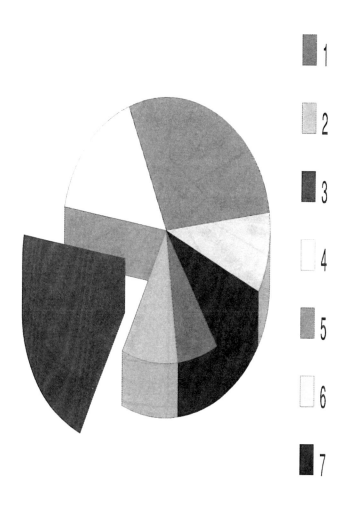

台灣特有行職業

　　許多人在一處共同生活一段較長時間之後，即會發展出該地區特有的「文化」表徵，可能呈現在該地區人群共同的風俗、習慣、語言、生活方式、行為規範、宗教信仰等；也可能形成該地區特有的職業類型和工作方式。因此，每一個社會都存在一些不同於其他社會的獨特的行業或職業。有些隨著時代演進而逐漸失傳、甚至已銷聲匿跡，有些則仍然在社會中發揮其功能和影響力。

　　如果有一位初次來到台灣的外國朋友，好奇地向你詢問哪些是台灣本土社會所特有的行業或職業，你會如何向他說明這些行職業是什麼？這些行職業在做些什麼？為什麼會有這些行職業的產生？這些行職業是如何演變？

　　請和你的朋友或同學一起蒐集相關資料，來回答這些問題。並嘗試在這些台灣本土特有的行職業中，找出至少一項是你的資格條件或教育背景可能勝任的工作。

	台灣獨特行業	工作內容	如何產生？	如何演變？
1.				
2.				
3.				
4.				
5.				
6.				

台灣十大熱門行業

依據網路104人力銀行對2000年整體產業中各行業新增工作數的排名分析，提供最多工作數的前十名分別為：電子零件業、進出口貿易、網際網路業、電腦週邊業、半導體業、光電通信器材業、軟體業、百貨零售業、塑化紡織業、金融證券產險業。這些行業需才孔急，為台灣社會創造了不少就業機會。整體而言，在科技高度且迅速發展的二十一世紀初期，最熱門的行業大多與資訊科技高度相關。

然而，十年前社會的就業趨勢恐怕就和今日社會有相當大的差異，而根據趨勢專家的預期未來十年的科技發展與生命科學研究會更加日新月異，因此未來社會的就業趨勢可能也會和當前就業趨勢迥然不同。

請和你的朋友或同學一起蒐集當前就業趨勢的最新資料，並比較當前的熱門行業和過去十年、未來十年有些什麼不同？

1990年代熱門行業	2000年代熱門行業	2010年代熱門行業
1	1	1
2	2	2
3	3	3
4	4	4
5	5	5
6	6	6
7	7	7
8	8	8
9	9	9
10	10	10

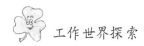

蒐集職業資訊的方法

　　如果你很希望能知道某一項看起來很吸引人的職業，究竟在做一些什麼，以及如何工作，你會用哪些方法去找出你所想要的資訊呢？請和你的朋友或同學一起討論，將所想到的方法記錄下來。

　　　　職業名稱：_____

　　　　＊書面資料方面

　　　　＊網路資源方面

　　　　＊機構參觀方面

　　　　＊生涯訪談方面

　　　　＊實際接觸方面

評估職業的方法

面對著五花八門的工作世界，包羅萬象的職業類別，你還需要依據一些方法來評估職業的各個層面或工作性質是否符合你的需要；或是你的各方面特質條件是否符合該職業的需要。

P.L.A.C.E.通常可以用來作為評估職業的指標。

P：指職位或職務(position)，包括該職位的經常性任務、所需擔負的責任、工作層次等。

L：指工作地點(location)，包括地理位置、環境狀況、室內或戶外、都市或鄉村、工作地點的變化、安全性等。

A：指升遷狀況(advancement)，包括工作的升遷管道、升遷速度、工作穩定性、工作保障等。

C：指雇用情形(condition of employment)，包括薪水、福利、進修機會、工作時間、休假情形及特殊雇用規定等。

E：指雇用條件(entry requirements)，包括所需的教育程度、證照、訓練、經驗、能力、人格特質....等條件。

以某一項吸引你的職業或「心理諮商工作者」為例，試著評估該項職業的各個層面。如果你並不十分清楚職業的這些層面，顯然你需要投入更多心力、從多元管道去探索。

職業名稱：＿＿＿＿＿＿＿＿＿＿＿＿

工作職務
工作地點
升遷狀況
雇用情形
雇用條件

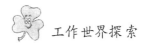

蒐集職業資訊—職業簡介

　　由行政院勞委會職訓局所出版的「職業簡介」，有系統地提供了有關工作世界的重要資訊來源，你可以在職訓局的網站或學校的輔導中心取得該項重要資源。

　　請以某一項吸引你的職業或「心理諮商工作者」為例，查閱「職業簡介」上的相關資訊，並做成簡報紀錄，和你的朋友或同學一起分享你的收穫。

　　職業名稱：_____

＊概說

＊工作環境

＊工作時間及待遇

＊所需資格條件

＊教育與訓練

＊未來展望

蒐集職業資訊—求才廣告大搜索

　　翻開每天報紙的求才、求職廣告欄，各式各樣的大小廣告簡直令人眼花撩亂，不知該從何搜尋能真正適合自己的職業。假設你目前服務於民間的職業介紹所，你會如何幫求職的人找尋工作呢？

　　請試著從一疊報紙的求才廣告中，幫志堅、素娟和你自己找個好工作吧！

※志堅的履歷摘要表

◆年齡：26歲　◆學歷：大學畢業　◆性別：男　◆工作經驗：3年

◆地點：中部　◆專長：電腦程式設計　◆目標：主管或經理

◆希望待遇：NT$ 35,000元

◆可考慮的工作是：

※素娟的履歷摘要表

◆年齡：20歲　◆學歷：五專畢業　◆性別：女　◆工作經驗：無

◆地點：北部　◆專長：商業文書　◆目標：收入穩定

◆希望待遇：NT$ 20,000元

◆可考慮的工作是：

※你的履歷摘要表

◆年齡：　歲　◆學歷：　　　畢業　◆性別：　　◆工作經驗：　年

◆地點：　　◆專長：　　　　　◆目標：

◆希望待遇：NT$　　　元

◆可考慮的工作是：

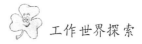

蒐集職業資訊—網路資源

電腦科技高度發達，網路社會已無遠弗屆，各類資訊在網路社會中的交流相當頻繁而密切。因此，你所需要的職業資訊，也可從網際網路上來搜尋，也許會有意想不到的收穫。

請透過網路的搜尋引擎，搜尋和某一項吸引你的職業或「心理諮商工作者」相關的網站，以及未來可能雇用該類工作者的相關機構或單位，並瞭解其工作的內容或任務，及其他可用於評估職業的相關職業資訊。

職業名稱：＿＿＿＿＿＿＿＿＿＿＿＿
＊相關網站

＊相關機構或單位

＊工作內容或任務

＊其他相關職業資訊

蒐集職業資訊—生涯人物訪談

　　一旦充分地閱讀了有關職業的書面敘述之後，即須找一至數位從事該職業的資深工作者談談，一方面可印證所蒐集職業資訊的可靠性和有效性，二方面可更深入瞭解工作者本身從事該項職業的生涯抉擇和甘苦經驗，以作為審視自身是否投入該項職業的重要參考。此外，如人物訪談地點為其工作場所，更可實際觀察其工作情形、應對進退等，以評估自己對該類工作的喜好或適合程度。所以，生涯人物訪談是蒐集職業資訊不可或缺的重要方法，可一舉而數得。

　　請透過朋友介紹或自己毛遂自薦，安排一位從事你所感興趣職業的資深工作者或至少三年以上工作經驗者。很禮貌地告訴他，由於你對該項職業甚感興趣，希望能更進一步瞭解該職業的相關資訊，以及他從事該職業的心得和經驗。請他安排半個小時至一個小時的時間空檔，讓你到他工作場所拜訪他。

　　在正式訪問之前，你需要列出一張訪談問題清單，例如：

＊ 職業資訊方面	＊ 生涯經驗方面
1.工作性質、任務或內容	1.教育或訓練背景
2.工作環境、就業地點	2.投入該職業的抉擇
3.所需之教育、訓練或經驗	3.生涯發展歷程
4.所需之個人資格、技巧和能力	4.工作經驗心得：樂趣和困難
5.收入或薪資範圍、福利	5.對工作的看法
6.工作時間和生活型態	6.獲得成功的條件
7.相關職業和就業機會	7.未來生涯規劃
8.進修和升遷機會	8.對後進者的建議
9.組織文化和規範	
10.未來展望	

生涯人物專訪報告

　　請將你的生涯人物訪談經過、所蒐集資料和心得，整理撰寫成「生涯人物專訪報告」，並和你的朋友或同學們一起分享你們各自的收穫和心得。

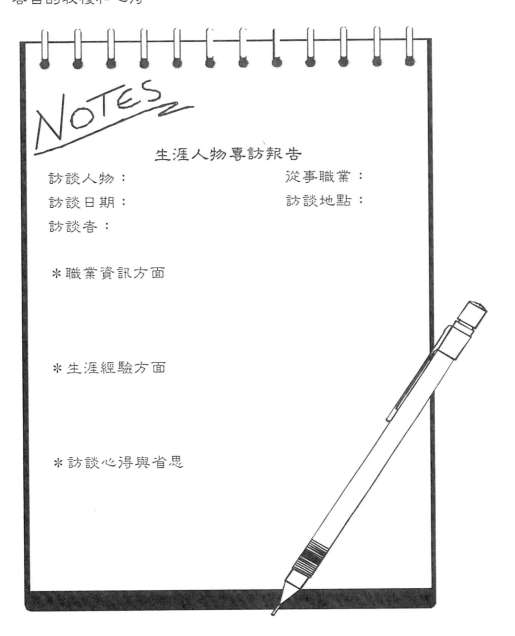

NOTES

生涯人物專訪報告

訪談人物：　　　　　　　　從事職業：

訪談日期：　　　　　　　　訪談地點：

訪談者：

＊職業資訊方面

＊生涯經驗方面

＊訪談心得與省思

蒐集職業資訊─實際接觸

　　閱讀有關某一職業的簡介說明，及和從事該職業的資深工作者請益，是蒐集生涯相關資訊的兩個重要途逕。但是，如果你想要更明確地瞭解某項職業的實際工作情況，那麼，為自己安排一些實地參訪、實習或打工的工作經驗，是投入該職業的基本預備動作。

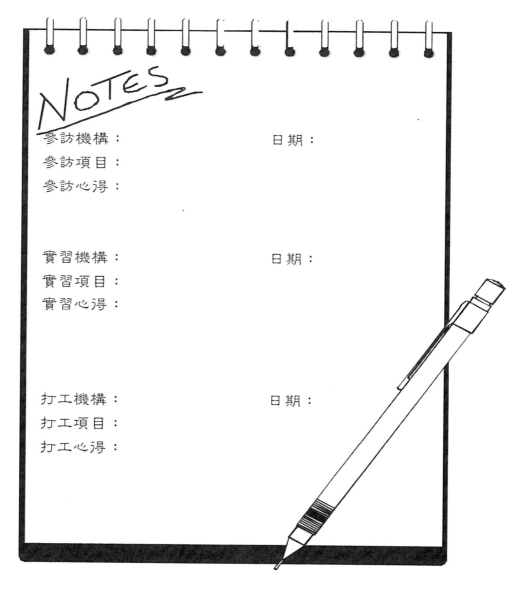

NOTES

參訪機構：　　　　　　　　日 期：
參訪項目：
參訪心得：

實習機構：　　　　　　　　日 期：
實習項目：
實習心得：

打工機構：　　　　　　　　日 期：
打工項目：
打工心得：

11

家庭期待與溝通

職業家族譜

家庭的職業價值觀

重要他人的期待

彙整資訊找出共通點

表達想法與溝通協調

　　生於斯長於斯的青年學子們，大多背負著沉重的家庭期待與社會壓力。當還是懵懂無知的孩提時代，父母師長就不斷地告誡我們要「好好唸書」，將來才有機會「出人頭地」。社會中處處瀰漫著「萬般皆下品，唯有讀書高」的普遍價值，為人父母基於「望子成龍，望女成鳳」的深切期盼，更是斤斤計較子女在學校中的課業成績表現。於是對於台灣社會的青年學子而言，在求學過程中似乎再也沒有比「讀書」更重要的事了。

　　而讀書的目的何在呢？對許多「望子成龍」的父母而言，為的是子女將來許多「成大功，立大業」，好能夠「光耀門楣」。換句話說，父母要求子女讀好書的最終目的，不外是藉學歷文憑找到一個有機會能光耀門楣的「好職業」，讓父母感覺到相當「有面子」，甚至能一舉「魚躍龍門」擠身上流社會之林。社會中藉著讀書機會「向上提昇」的集體潛意識，締造了當前社會中「文憑至上」的社會價值。連日死背苦讀、大考小考不斷，磨練成考試的機器，只為了在聯考的競技場上取得高分，進入人人稱羨的好學校。

　　然而，進入好學校之後的青年學子，卻經常感到茫然失措，不知如何自處；習慣於權威式與標準答案式的教學，更使得青年學子的獨立思考與創意表達受到嚴重壓抑和束縛，而無法彈性因應危機、解決問題。因為，許多青年學子在成長過程中淀沒有機會學習獨立思考問題、表達想法、溝通意見、歸納分析、作出決定、解決問題。而這些能力都是成為一個獨立的個體，基本而必備的條件。

　　因此，在你已更充分認識自我、瞭解工作世界的現實之後，接下來，你需要學習如何瞭解父母及重要他人的想法和期待，思考並評估這些來自他人的期待和你對自我的期待有些什麼異同，釐清並表達你自己的想法，並真誠地和父母及重要他人進行充分的溝通，取得彼此的協調和共識，才能一方面忠於自己內在的聲音、一方面爭取到父母的支持和信賴。事實上，習得了這一連串思考、表達、溝通、協調的態度與技巧，亦為你未來在職業生涯中的傑出表現奠定紮實穩固的基礎。

於是，我們可以謹記赫曼．赫賽的名言：

「千萬種誘惑使我們無法實現自我，而其中最大的障礙是我們在潛意識
中不願意忠於自己，我們以理想或社會規範來要求自己，而這些外在的
標準，實際上我們無法企及，而且也不需企及。」

職業家族譜

　　就像族譜可以追溯你的根源一樣，透過職業家族譜，你更能明白父母對你未來從事職業的期待也其來有自，很可能是代代相傳的家族企業，也可能是克紹箕裘或繼承衣缽。當然，也可能是因為家族中成員的職業較不被父母所看重，所以對你從事「好」職業的期待特別深。

　　除了你的父母親之外，你知道其他的家族成員目前都在做些什麼工作呢？他們曾經做過哪些工作或職業？在你父親這一邊的家族祖先中—也許是你已經去世的爺爺或叔公—曾經做過一些什麼工作或職業？母親那邊的家族祖先又如何呢？

　　如果你並不是很清楚這些家族軼事，那麼你需要向你的父親或母親探詢，或者直接打電話或寫信向親友探詢，將這些職業家族譜的珍貴資料一一記錄下來。

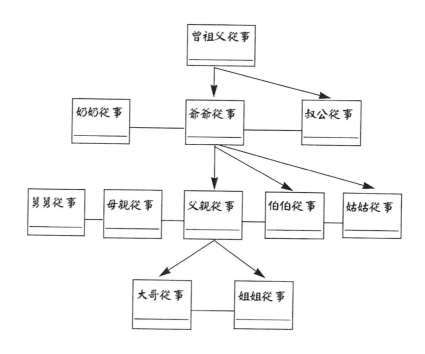

家庭的職業價值觀

　　家族中的成員會選擇從事某一些工作或職業，父母會期待你從事某一些工作或職業，都有他們選擇或偏好的理由。詢問「為什麼？」可能是獲知這些理由的重要管道，可以邀請他們深入談談在他們所從事或偏好的職業中，所看重的是什麼？為什麼會認為這是重要的？應有助於整理出所有家族成員的職業價值觀。

　　接著，將這些家族成員的職業價值觀一一和你自己的職業價值觀加以比對分析，看看這些價值觀中是否有些什麼共通點？哪些是家族共同擁有的職業價值觀？哪些是個別家族成員獨特且與眾不同的價值觀？

　　請在下圖的核心部分記錄家族成員—包括你自己—共同擁有的職業價值觀。在其他的圓圈中寫上家族成員的名字或稱謂—包括父親或母親—以及他們個別獨特的職業價值觀，和他們所從事的職業。

重要他人的期待

也許你已發現父母親希望你將來有機會從事的職業，和你自己所偏好從事的職業有著莫大的差距，你會如何爭取父母支持你的選擇呢？

例如，唐毅從很小的時候，父母就苦心栽培他當醫生，但是在好不容易念了醫學院之後，他才發現他對醫學完全不感興趣，真正吸引他的是富有創意性的設計工作。他感到非常苦惱，一方面不忍心違拗父母的期待，另一方面卻也難以壓抑來自心底的呼喚。如果你是唐毅，你會如何做呢？你會如何說服父母接受你的興趣，讓你轉換生涯的跑道呢？

請和你的朋友或同學分享如果你是唐毅你會採取的作法，以及你提供給唐毅的建議。

如果我是唐毅，我會......

我提供給唐毅的建議是......

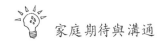

彙整資訊找出共通點

　　這時，瞭解父母的職業價值觀就顯得異常重要。也許唐毅的父母栽培他當醫生，是因為傳統上「醫生」是「高收入」、「高社會地位」、「受人敬重」的社會頂尖人物。如果你也接受這些價值觀，那麼你不妨想想看從事什麼樣的設計工作，同樣也能滿足「高收入」、「高社會地位」、「受人敬重」的價值觀呢？找出你和父母都可以接受的共同點，正是和父母進行有效溝通的絕佳起點。

　　價值觀的異中求同，目的在找出彼此雙方都夠相容或接受的「最大公約數」，作為溝通的起點。其他與生涯選擇有關的各層面資訊，亦可作為瞭解自己和父母雙方觀點之異同的重要基礎。如果你尚未得知父母對你的看法，你不妨直接地探詢或委婉地旁敲側擊。

	我對自己的看法	父親對我的看法	母親對我的看法
個性特質			
生涯興趣			
生涯技能			
生涯價值			

	我希望自己成為	父親希望我成為	母親希望我成為
生涯目標			
因為：			

表達想法與溝通協調

　　瞭解了父母及家族成員對職業的重要觀點或價值判斷,並釐清了這些觀點與你自己想法的異與同,接下來就該是向父母表達你的想法的時候了。

　　首先,你必須將到目前為止你所蒐集到的所有資訊,再度瀏覽一次,記下其中的重點。接著,找一個風和日麗的星期天,主動邀請父母談談天。也許你不妨先幫忙父母做一些會讓父母感到滿意、愉快的事。當氣氛逐漸和諧熱絡了起來,你可以先起個頭──告訴父母你瞭解他們希望你選擇××職業生涯的原因或價值觀,而這些可能也是你希望在你的職業生涯中可以達成的。只是,你對父母期待你從事的職業缺乏可以讓自己感動的興趣,你需要的是一個可以讓你感動、讓你專心致志、全力以赴的職業,你才會有更大的機會達成父母和你自己的願望。

　　向對方表達「同理的瞭解」是溝通上無往不利的武器,可和對方建立和諧而良好的關係;而明確「果決」的表達則是讓人瞭解你的想法的最佳方式。「同理」是在瞭解了對方的觀點之後,適當地向對方表達你的瞭解,你可以嘗試「我知道你希望我......」或是「對於我......,讓你感到......」的方式來表達同理的瞭解。「果決」則是真誠、坦率但態度謙和地說出你心中真正的想法,不逃避也不挑釁。

　　表達的態度當然是坦誠、尊重與誠懇;表達的目的則在於「溝通」你的想法和對方的想法,並不必然要在短時間之內「說服」對方放棄他的想法而接受你的想法。因此,「溝通」並不等於「說服」,必須留給雙方足夠且充分的時間去逐漸地修正原有固若金湯的觀點。觀點的逐步修正,而趨於一致並取得共識,即是「協調」的歷程。

　　你準備好了嗎?請依據下列的提示,為自己安排一場和父母溝通的練習。你為自己的表現打幾分呢?結果如何?

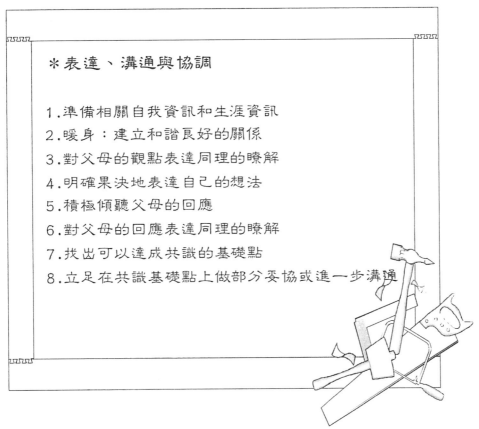

＊表達、溝通與協調

1.準備相關自我資訊和生涯資訊
2.暖身：建立和諧良好的關係
3.對父母的觀點表達同理的瞭解
4.明確果決地表達自己的想法
5.積極傾聽父母的回應
6.對父母的回應表達同理的瞭解
7.找出可以達成共識的基礎點
8.立足在共識基礎點上做部分妥協或進一步溝通

別忘了，父母長期以來所深信不移的想法觀念絕不是一朝一夕所促成的，因此也不會在一朝一夕發生太大的改變。唯有你明確地知道自己真正「要」什麼，對自己的抉擇有充分的信心，並透過實踐行動讓父母有機會肯定你的努力和表現，另一方面也適度地修正自己以創造「雙贏」的局面，父母家人終會成為你生涯發展歷程中最大的助力！

12

生涯選擇和決定

對自我的初步評估

評估學習的方法

相關資訊的蒐集

分析選擇的理由

評估他人的建議

檢核理性的決定

理性決定的步驟

職業生涯的決定

生涯選擇方格

理想生涯目標

核心生涯想法

在瞭解自己、認識工作世界，且和重要他人充分溝通之後，你需將所有相關的、多元層面的資訊統合起來，以便能確定自己生涯規劃的目標與方向。

生涯選擇與決定歷程的成功關鍵，在於「博學、慎思、明辨、篤行」。「博學」係指當面對生涯選擇的議題時，要先能廣博地學習、瞭解並充分掌握各方面的資訊。「慎思」是指當資訊蒐集齊全且能充分掌握之後，即必須對多元化的資訊進行謹慎地思辯，分析利弊得失。在「叩其兩端而竭焉」權衡出輕重之後，即須「明辨」── 做出明確的選擇和決定。最後則堅定地「篤行」歷經謹慎思考判斷之後的決定，絕不輕言放棄或半途而廢。

然而，實際上並不是每個人都可以成功地作成決定。臨事猶豫不決、躊躇不安的例子比比皆是。如果一個人思慮過度周密，反覆不斷地來回考慮各個可能的選項，他很可能會遭遇無法作出決定的難題。尤其當多元層面的資訊或想法之間彼此矛盾牴觸時，更會讓猶豫不決的人感到非常焦慮惶恐，無法從中確立真正的目標或作出有效的決定。

因此，本章即試圖藉由對學校中選修科目的選擇歷程，來練習作出有效的選擇和決定。並利用「生涯決定平衡單」及「生涯選擇方格」彙整面臨生涯選擇問題時所有可能的資訊或想法，一一加以評量分析，協助你能更清楚自己的核心生涯想法或價值，以及你對「理想生涯」最深切的期待。透過這些單元活動將有助於你確立理想的生涯目標。

對自我的初步評估

在學校中，你可能有較多機會選擇你有興趣選修的科目或課程。面對學校或系上所提供琳瑯滿目的選修科目，你通常都是如何做出決定的呢？請根據下列各欄所提示的項目，對自己作初步的評估。

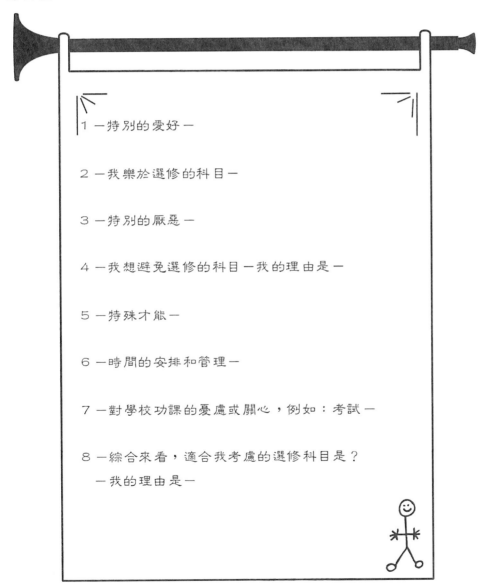

1 —特別的愛好 —

2 —我樂於選修的科目 —

3 —特別的厭惡 —

4 —我想避免選修的科目 —我的理由是 —

5 —特殊才能 —

6 —時間的安排和管理 —

7 —對學校功課的憂慮或關心，例如：考試 —

8 —綜合來看，適合我考慮的選修科目是？
　 —我的理由是 —

評估學習的方法

　　每個人會偏好不同的學習方法，有自己最佳的學習藍圖。當你作決定時，你必須了解什麼方式最適合你，才能作出最適當的決定。

　　想像你的老師必須教你關於佛萊明發現盤尼西林的事你必須知道它如何被發現的、與發現它有關聯的事情、它的重要性、以及它目前在藥物方面的地位。

※你比較喜歡你的老師使用下列哪一種方法來教你？

> a）在課堂上告訴學生所有的細節，並且要學生背起來。
>
> b）要求學生去讀教科書中所有的細節和內容。
>
> c）要求學生閱讀佛萊明的個人日記，並且試著從中發現資料。
>
> d）要求學生利用圖書館去研究這主題　，請教別人，然後：
>
> 　＊寫一篇短文
>
> 　＊對班上同學報告
>
> 　＊與班上的其他一群同學表演一齣戲劇。
>
> 　＊在牆上展示一系列插圖來敘述這項發現。
>
> E）觀賞有關這項發現的電視節目。

※你比較喜歡哪些類型的家庭作業？請在你的選擇後面打勾。

實用的－製作、準備東西等。		閱讀論文或資料	
短文寫作 a）利用真實的資料		方案企劃	
短文寫作 b）創意的、有想像力的寫作		圖表設計	
為準備考試而讀書		特定的練習	

相關資訊的蒐集

接下來，請藉助一些資訊蒐集的方法，蒐集你正在考慮的每個科目的資訊。

科目：	成績表	課程表
評分的方法及分數分配的比例	作業	考試
課程大綱		
家庭作業		
最常用的學習／教學方式是什麼？（例如：實作，閱讀）		
為了能充分學習這個科目，需要做好什麼？（例如：獨立工作，細心，敏銳處理數字）		
需要的知識及技巧		
幫助發展的技巧		
有關聯的其他科目		
任何其他的資訊？例如：訪問、其他學生研讀此科目的說法。		
與這個科目直接相關的專業生涯領域？		

分析選擇的理由

選擇一個科目有種種不同的理由,有些是理智的,有些不是。請仔細想想下列所提供的理由,並指出它是否是理智的。

選修科目的理由	理智	不理智
我最好的朋友正在讀這一科	○	○
有人告訴我這一科很容易	○	○
這一科很有趣	○	○
我擅長這一科	○	○
這一科任課的老師是本校最好的	○	○
我未來的工作可能需要這一科相關知能	○	○
我的學姊為了文憑選讀它,並且拿到甲等	○	○
這一科很少有手寫的作業	○	○
我喜歡這一科	○	○
我不喜歡其他可選擇的科目	○	○
我父母親說我應該選讀這一科	○	○
它會是一門有用的科目	○	○

※ 你認為選擇科目時,最重要的理由是什麼?

評估他人的建議

　　許多人會對你所選讀的科目或選擇的生涯提供建議。你認為該聽信誰的建議？你如何評估他們的建議？

　　下表中所列出的是一些經常會提供你建議的人，請你評估其建議是否偏見或有用。

提供建議的人	偏見	無偏見	有用	理性	有見識
兄弟／姊妹	○	○	○	○	○
任課老師	○	○	○	○	○
生涯規劃老師	○	○	○	○	○
父母／監護人	○	○	○	○	○
輔導老師	○	○	○	○	○
班級導師	○	○	○	○	○
學會會長	○	○	○	○	○
最好的朋友	○	○	○	○	○
男／女朋友	○	○	○	○	○
其他人	○	○	○	○	○

　　請將這些人依你會聽信其建議的程度排順序（1表示你最願意接受這個人的建議），並紀錄他們所曾提供給你的建議。

	提供建議的人	所提供的建議
1		
2		
3		
4		
5		

檢核理性的決定

當你認為你已經作好了決定，試著藉由問自己一些問題來檢核你的選擇。

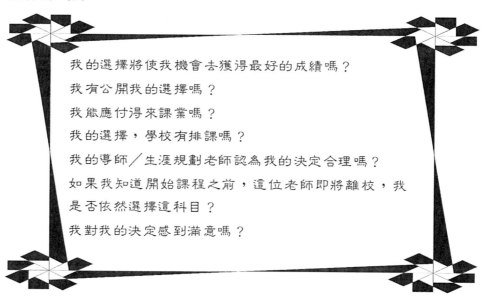

我的選擇將使我機會去獲得最好的成績嗎？

我有公開我的選擇嗎？

我能應付得來課業嗎？

我的選擇，學校有排課嗎？

我的導師／生涯規劃老師認為我的決定合理嗎？

如果我知道開始課程之前，這位老師即將離校，我是否依然選擇這科目？

我對我的決定感到滿意嗎？

這些問題的答案如果大部份為「是」，那恭喜你作了理性的選擇。如果大部分答的是「否」的話，你需更謹慎思考如何做最好的選擇？

※想像你是該選修科目的老師，你會給自己什麼樣的建議？

理性決定的步驟

綜合來說，有系統的作決定步驟應可提供你仔細思考決定選修科目時的有效方法，幫助你作出理性明智的決定。你可以依據下表中的提示，逐一回答問題，並和你的朋友或同學一起分享和討論你的答案。

考慮主題 — 你必須去思考什麼？	你正被要求去作什麼的決定？ 你可擁有哪些選擇？ 你必須選修多少科目？ 你能選修多少科目？
獲得資訊 — 什麼樣的資訊？ 在哪裡獲得？	你學校有提供選修科目指南嗎？ 圖書館中可獲得哪些資訊？
利用資訊 — 如何利用這些資訊？	關於不同的科目，你必須懂哪些？ 有任何全新的課程嗎？ 你可以使用哪些讀書方法？ 關於你自己，你必須知道些什麼？
激詢建議 — 誰可給予建議？	與各科老師、導師、輔導老師、父母及你感興趣的行業的從業人員談談。
評估並且決定 — 什麼將會影響你的決定？	做一個特定的選擇，它的優缺點各是什麼？ 某些科目對以後的生涯選擇有關聯嗎？如果有，是哪些？
討論結果 — 你如何達成決定？	根據你學校的課表，你的選擇有可能實現嗎？ 你有給自己最好的機會，來獲得最高的成績及均衡的課程嗎？你感到快樂或者有些擔憂？

職業生涯的決定

　　當你已能更理性明智地作出選修科目的決定，熟知作決定的步驟和方法，你是否能進一步嘗試為自己未來可能從事的職業生涯作出理性的決定呢？請和你的朋友或同學們分享你的生涯決定歷程。

考慮主題— 你必須去思考什麼？	
獲得資訊— 什麼樣的資訊？ 在哪裡獲得？	
利用資訊— 如何利用這些資訊？	
徵詢建議— 誰可給予建議？	
評估並且決定— 什麼將會影響你的決定？	
討論結果— 你如何達成決定？	

生涯選擇方格

「生涯選擇方格」是用來探索和瞭解你自己面臨生涯選擇時的想法的一項有用工具。

在這份方格中你先必須列出一些可能或不可能從事的生涯選項。然後，藉由比較或對照你所列出的選擇，來探索你的一些「生涯想法」。你的生涯想法呈現你自己用來判斷生涯選擇的方式，它們是由你生涯發展歷程中的獨特經驗所形成的，而且這些想法仍在持續地發展變化之中。所以，你的許多生涯想法是獨特的，可能不同於其他的人。

我們在日常生活中，常會發現不同的個人，即使面對相同的經驗或現實，卻會依據個人的不同想法或理論，而衍生不同的方式來建構該經驗或現實，這是「生涯選擇方格」所依據的理論。因此，你所用以考慮或判斷潛在生涯選項的想法或理論，可能包含你對自己的瞭解和看法，如自我的興趣、性向、能力、價值和特質等，你對他人期待和社會規範的認知和覺察，以及你對工作世界的認識和展望。

「生涯選擇方格」的目的，即是有系統地協助你釐清並整理這些多元面向的生涯想法或理論，依據這些想法來判斷或評估你的理想生涯，使你更有信心地為自己設定理想的生涯目標，作為引領你規劃生涯發展方向的標竿。

任務 1－列舉生涯選項

在本生涯方格中，你的「生涯選項」是指你在完成你所需要的教育準備或訓練之後，想要去做的某項特定「工作」（如工程師、業務員、中學教師、個人工作者……）或「職業」（如工程、貿易、公教、家庭管理……）。

現在，請你假想「未來一至五年」或「完成你所需要的教育準備或訓練」之後，你可能或不可能去做的工作或職業（包括任何有薪給或無薪給的工作名稱）。並請你將想到的生涯選項，填寫在下列的空格中（一次一個不同的選項）。

※你可能考慮去做，或你曾經想過會去做的二項工作或職業。

1.

2.

※你不會考慮去做，或你曾經想過不會去做的二項工作或職業。

3.

4.

※你以前曾經做過，或你的父母親友做過，或任何其他你所熟悉的工作或職業。

5.

6.

任務２－列舉生涯想法

※ 請你從列出的六個生涯選項中，依照123、456、134、256、135、246的順序，抽取出三個，進行每三個生涯選項的比較。

※ 仔細想想看，在這三個生涯選項中，是不是有哪兩個工作在某一方面是相似的？而這個相似點正好不同於第三個工作？請將這一組包含「相似點」和「相異點」的生涯想法，填寫在空白「生涯選擇方格」的生涯想法欄內。

任務３－評定生涯選項

※ 將這一組二分性的生涯想法，轉換為一個五點量表。

相似點　　相異點

5　4　3　2　1

|—|—|—|—|

5　非常接近「相似點」

4　有些接近「相似點」

3　接近中點

2　有些接近「相似點」

1　非常接近「相異點」

※ 利用這一組生涯想法的五點量表，來評定你所列出的每一個生涯選項，以及你對「理想生涯」的期望水準。

例如：

	1.中學教師	2.公務員	3.業務員	4.甲	5.乙	6.丙	7.理想生涯	
相似點　　　　　　　　　5　　　　4								相異點　　　2　　　1
A.工作時間固定	4	5	1	2	3	5	4	工作時間不固定
B.								

生涯選擇方格

姓名：　　　　　　　　　　　　　日期：

相似點　　　　　　　　　　　　　　　　相異點

	相似點			1	2	3	4	5	6	7 理想生涯		相異點	
	5		4	1	2	3	4	5	6	7		2	1
A													
B													
C													
D													
E													
F													
G													
H													
I													
J													
K													
L													
M													

理想生涯目標

現在請你仔細審視「生涯選擇方格」中，你對「理想生涯」的期望水準，描繪出你所期望的「理想生涯」的輪廓—應該具備哪些你所期望的特質或條件？

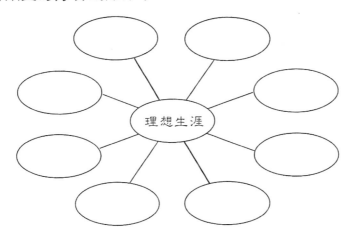

當你歸納出你所期望的「理想生涯」應該具備的特質或條件之後，你需進一步判斷在你所列舉出的六個生涯選項中，哪一個最接近你的「理想生涯」？

* 請以你在「理想生涯」上的評量得分做為「基準點」，將每一個生涯選項在各組生涯想法上的得分「減去」「理想生涯」在該組生涯想法上的得分，即為該生涯選項的「基準分數」。

* 將該生涯選項在各組生涯想法上的基準分數相加起來，即為該生涯選項的「基準總分」。

* 「基準總分」愈低的生涯選項，表示其愈接近「理想生涯」。意即，你對該生涯選項的各項評量，愈符合你對「理想生涯」的期望水準。

* 在尚未出現其他更符合你的「理想生涯」的生涯選項之前，最接近的生涯選項即可作為你的理想生涯目標。

請在下列方格中寫下一項最吸引你的職業或工作，作為你的
理想生涯目標。並依據各項生涯想法的重要性順序，記錄該理想
生涯目標所具備的特質或條件。

我的理想生涯目標：＿＿＿＿＿＿＿＿＿＿＿

所具備的特質或條件：

1.

2.

3.

4.

5.

6.

7.

8.

9.

10.

核心生涯想法

　　為了幫助你更清楚為什麼你所列出的理想生涯目標的特質或條件對你而言是重要的，你需進一步探問自己，或者邀請一位朋友協助你來探問這些問題的答案。

> 「為什麼我期望我的理想生涯應具備這個特質或條件？」
> 「為什麼這個特質或條件對我的生涯選擇是重要的？」
> 或者是
> 「如果我的生涯能具備這項特質，對我而言有什麼意義呢？」

　　同時，請將你的回答逐一記錄下來。並針對每一個回答進一步探問「為什麼...?」。你會更明白：你的理想生涯目標反映了你對自己最深切的期待，或是你所追尋的人生意義和價值。

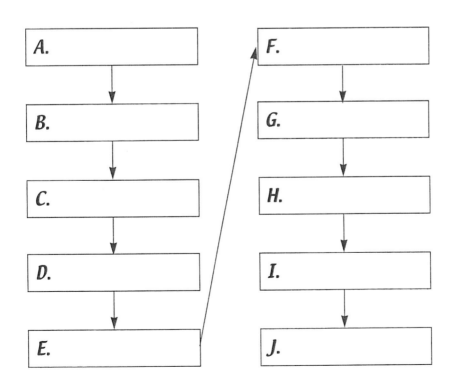

13

生涯願景與規劃

我的生涯願景

未來生涯幻遊

我的蝴蝶大夢

準備行動計畫

擬定階段性目標

生涯目標與自我評估

★
生涯規劃報告

　　當你終於釐清了自己的核心生涯價值，體認到你此生存在的核心目的，你也更能清晰具體地勾勒出理想的生涯目標和願景。當你心中理想生涯目標的藍圖逐漸清晰地被勾勒出來，你對未來生涯發展的憧憬將更加殷切。

　　那麼，你會如何為自己鋪設一條通往理想生涯目標的路徑呢？就像遙望著險峻高山頂峰的登山者，對於山巔一望無際、睥睨群峰的雄偉景致雖然早已心嚮往之，卻沒有任何方法可以一步登天。茂密叢林中遍尋不見路徑，還須開山闢地、披荊斬棘，才能一步一腳印地走出自己的路。山腰險峻之處，更須一刀一斧雕石為階，才能臨淵履薄地拾級而上。登山沒有捷徑，必須步步為營。

　　還記得小時候玩過的迷宮捲紙遊戲嗎？捲紙開端的一條路，可以分岔無數，有些殊途同歸，有些危機四伏。人生歷程中也會出現無數的分岔路，每一次都會面臨新的抉擇和未知的挑戰，然而，當你前進的目標和方向一致，無論你選擇的是哪一條路，差別可能只在於遭遇困難險阻的程度。選擇一條人跡較少的路，也許沒有那麼順利，但克服險阻和挑戰的收穫也會更為豐富而深刻，悟化成千錘百鍊的人生智慧。

　　既然你已確立了人生的方向和目標，你打算如何幫自己的這一生修橋、鋪路或架設梯階呢？現在就讓我們一起來逐步建設這生涯規劃的歷程。

我的生涯願景

　　請在下欄中，將你的生涯願景生動而詳細地描述出來，作為你和自己的生涯約定。

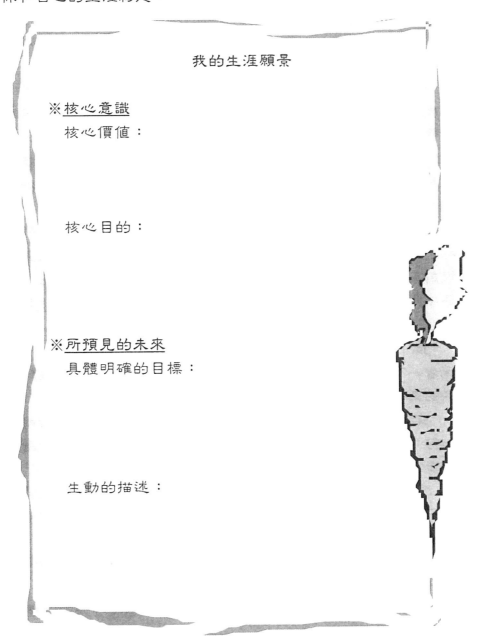

我的生涯願景

※<u>核心意識</u>
　核心價值：

　核心目的：

※<u>所預見的未來</u>
　具體明確的目標：

　生動的描述：

未來生涯幻遊

　　你是否能更具體地想像自己十年後的模樣？未來的生涯會是什麼光景？現在就讓我們一起乘坐未來世界最先進的時光隧道機，到未來世界去旅行！

（自我暗示放鬆訓練＋輕音樂）

　　現在，我們一起坐在時光隧道機裡，來到十年後的世界，也就是西元××××年的世界。算一算，這時你幾歲了？容貌有變化嗎？請你儘量想像十年後的情形，愈仔細愈好。好，現在你正躺在家裡臥室的床鋪上。這時候是清晨，和往常一樣，你慢慢地張開眼睛，首先看到的是臥室裡的天花板。看到了嗎？它是什麼顏色？

　　接著，你準備下床。嘗試去感覺腳指頭接觸地面那一剎那的溫度，涼涼的？還是暖暖的？經過一番梳洗之後，你來到衣櫃前面，準備換衣服上班。今天你要穿什麼樣的衣服上班？穿好衣服，你看一看鏡子。然後你來到了餐廳，早餐吃的是什麼？一起用餐的有誰？你跟他們說了什麼話？

　　接下來，你關上家裡的大門，準備前往工作的地點。你回頭看一下你家，它是一棟什麼樣的房子？然後，你將搭乘什麼樣的交通工具上班？

　　你即將到達工作的地方，首先注意一下，這個地方看起來如何？好，你進入工作的地方，你跟同事打了招呼，他們怎麼稱呼你？你還注意到哪些人出現在這裡？他們正在做什麼？

　　你在你的辦公桌前坐下，安排一下今天的行程，然後開始上午的工作。早上的工作內容是什麼？跟哪些人一起工作？工作時用到哪些東西？

　　很快地，上午的工作結束了。中餐如何解決？吃的是什麼？跟誰一起吃？中餐還愉快嗎？

　　接下來是下午的工作，跟上午的工作內容有什麼不同嗎？還是一樣的忙碌？

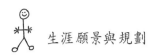

生涯願景與規劃

　　快到下班的時間了，或者你沒有固定的下班時間，但你即將結束一天的工作。下班後，你直接回家嗎？或者要先辦點什麼樣的事？或者要作一些什麼其他的活動？

　　到家了。家裡有哪些人呢？回家後你都做些什麼事？晚餐的時間到了，你會在哪裡用餐？跟誰一起用餐？吃的是什麼？

　　晚餐後，你做了些什麼？跟誰在一起？

　　該是就寢的時間了。你躺在早上起床的那張床鋪上。你回憶一下今天的工作與生活，今天過得愉快嗎？是不是要許一個願？許什麼樣的願望呢？

　　漸漸地，你很滿足地進入夢鄉。安心地睡吧！一分鐘後，我會叫醒你。

　　（一分鐘後）

　　我們慢慢地回到這裡，還記得嗎？你現在的位置不是在床上，而是在這裡。現在，我從10開始倒數，當我數到0的時候，你就可以睜開眼睛了。好，10-9-8-7-6-5-4-3-2-1-0。請睜開眼睛。你慢慢地醒過來，靜靜地坐著。

幻遊未來世界之後，你回到了現實世界。還記得你的幻遊經驗嗎？請和你的朋友或同學一起分享你的生涯幻遊中出現了哪些有趣的經驗？

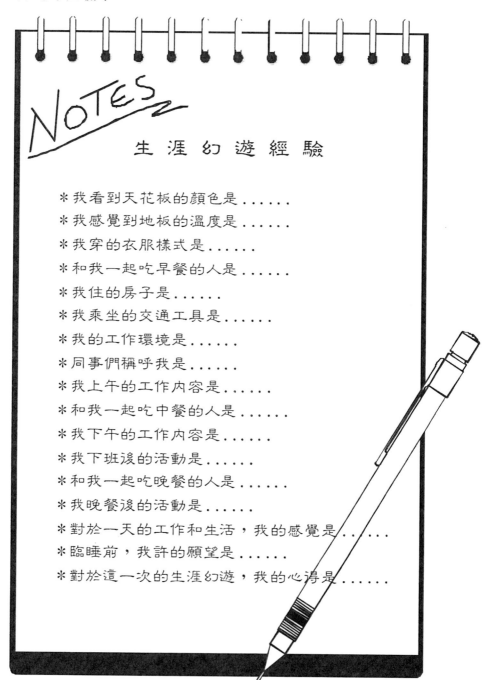

NOTES

生 涯 幻 遊 經 驗

＊我看到天花板的顏色是......
＊我感覺到地板的溫度是......
＊我穿的衣服樣式是......
＊和我一起吃早餐的人是......
＊我住的房子是......
＊我乘坐的交通工具是......
＊我的工作環境是......
＊同事們稱呼我是......
＊我上午的工作內容是......
＊和我一起吃中餐的人是......
＊我下午的工作內容是......
＊我下班後的活動是......
＊和我一起吃晚餐的人是......
＊我晚餐後的活動是......
＊對於一天的工作和生活，我的感覺是......
＊臨睡前，我許的願望是......
＊對於這一次的生涯幻遊，我的心得是......

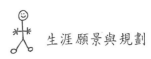

我的蝴蝶大夢

　　未來世界的一番自在遨遊，也許勾起了你平日潛藏在心底深處的一些願望和憧憬。這些願望也許在目前你所處身的現實環境中尚無緣實現，但誰知未來不會有那麼一天，你會逐步建構出夢想中的現實，變現實成為你的理想？！如果蝴蝶可以夢見莊周，蝴蝶會希望如何過莊周的生活呢？不要用現實羈絆你的夢想，就讓夢想乘著蝴蝶的翅膀飛翔吧！

我夢想這一生能完成的十件大事　　　何時完成

1.

2.

3.

4.

5.

6.

7.

8.

9.

10.

準備行動計劃

為了達成你的生涯目標，實現你心底對自己最深的期待，你
必須鋪設一條能通往生涯目標的道路或階梯。但在擬定生涯計劃
之前，你仍需要仔細思考一些問題，看看你是否已經做好了展開
行動的準備。下列是你可能需要深入思考的問題。

我在哪裡？ 我已經得到什麼？	例如：你需要考慮－你在曾經選修過的科目中的學習 和進步情形？ ＊你在實習或打工經驗的學習和進步情形？ ＊你已經培養的技能是什麼？
我要去哪裡？ 我想得到什麼？	例如：你將對於念研究所、出國留學或就業求職作出 決定。 ＊為了什麼目的？
我需要什麼來到達 那裡？ 我需要什麼才能成 功呢？	例如：你需要考慮達成生涯目標所須準備的知識與技 能：包含哪些？ ＊要學好它們，你需要具備什麼技能？ ＊它們對什麼工作有用？ ＊會有很多壓力嗎？
我要採取什麼行 動？	例如：你要如何找到所需要的資料？ ＊和老師談談，從他們那裡得到資源 ＊使用生涯中心所提供的資料 ＊使用電腦查詢就業資訊 ＊查看學校的升學就業手冊
有關的時間限制	例如：你需要考慮你要設定的目標以及達成目標的期 限。
我如何知道已經 達到目標了？	例如：當你決定你打算要發展的生涯逕路時，告訴父 母、老師和學校。
我要和誰討論我 的想法？	例如：可和你重視且了解你未來目標所需條件的長輩 或朋友討論你的想法。

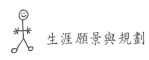

※請試著回答左列的問題，發展你的行動計劃。

我現在在哪裡？ 我已經得到什麼？	

▼

我要去哪裡？ 我想得到什麼？	

▼

我需要什麼來到達那裡？ 我需要什麼才能成功？	

▼

我要採取什麼行動？	

▼

有關的時間限制	

▼

我如何知道已經達到目標了？	

▼

我要和誰討論我的想法？	

擬定階段性目標

當我們有一個很大或艱困的工作要完成時，通常把它分成較小的任務會比較容易。當我們要完成一個特定目標時，也可以應用相同的概念。

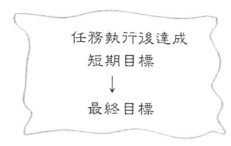

任務執行後達成
短期目標
↓
最終目標

例如：假如你希望成為總統……

終極性生涯目標	在～年之前
我希望成為總統	在2030年之前

你必須採取很多行動步驟，設定階段性目標。如：

階段性生涯目標	在～年之前
1・我需要有擔任行政首長的經驗	2025
2・我需要當選民意代表	2015
3・我需要進入政府或民意機構工作	2010
4・我需要成為政黨中活躍且有代表性的成員	2005
5・我需要參加政黨	明年九月
6・我需要選修演說的課程	下學期
7・我需要和一個人以上討論對政治議題的看法	下星期以前
8・我需要看兩個時事的節目	這星期五以前
9・我需要閱讀報紙的社論及時事評論	今天

你所設定的生涯目標愈具體明確，愈有助於擬定行動計畫來達成。因此，你所設定的階段性目標必須是具體明確、可測量、可達成、和最終目標有關聯，以及有時間限制的。例如：「下學期的微積分成績要拿到班上前五名」。

生涯目標與自我評估

　　你也可以試著依據工作世界地圖所提供的興趣和能力向度，來擬定你的短程、中程、長程生涯目標。通常，在機構中所擔負的決策責任愈輕，要求工作者之興趣和能力的偏向性愈加明顯；在機構中所擔負的決策責任愈重，則愈要求工作者應具備多元化的興趣和能力。

　　例如，獨立作業的機械工程師，僅需具備操作、維修、或研發機械的興趣和能力；團隊工作的機械工程師，則在機械能力之外，還需具備與人相處的興趣和溝通協調的能力；而管理階層的機械工程師，則更應有領導統御的能力和商業經營的興趣。

　　想想看，在未來的生涯旅程中，你會如何來「栽培」自己呢？

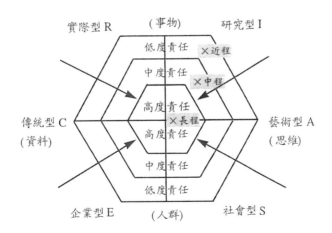

三～五年後，我的短程生涯目標：

＊主要的工作內容：

＊它吸引我的特點是：

＊我在個性上可以嘗試的改變是：

＊我可以培養的生涯興趣是：

＊我尚須培養的能力是：

＊我必須具備的其他條件是：

＊我的短程生涯計劃（含教育進修或訓練）：

六～十年後，我的中程生涯目標：

＊主要的工作內容：

＊它吸引我的特點是：

＊我在個性上可以嘗試的改變是：

＊我可以培養的生涯興趣是：

＊我尚須培養的能力是：

＊我必須具備的其他條件是：

＊我的中程生涯計劃（含教育進修或訓練）：

十一～二十年後，我的長程生涯目標：

＊主要的工作內容：

＊它吸引我的特點是：

＊我在個性上可以嘗試的改變是：

＊我可以培養的生涯興趣是：

＊我尚須培養的能力是：

＊我必須具備的其他條件是：

＊我的長程生涯計劃（含教育進修或訓練）：

生涯規劃報告

　　除了工作和職業的規劃是生涯規劃的主軸之外，在這個強調「終身學習」的時代，你尚須思考其他層面的生涯規劃，例如人際經營、家庭經營、經濟經營、置產消費、休閒旅遊等。

　　在人際經營方面，俗話說：「在家靠父母，出外靠朋友」，朋友常在我們的職業生涯發展中扮演著支持協助或穿針引線的關鍵角色，讓我們的成就產生加成的效果，更勝於閉門造車或孤軍奮鬥。華人社會尤其重視人際關係，綿密的人脈網絡經常可發揮彼此相輔相成的作用。你希望到何處去認識未來可能會對你有幫助的朋友呢？如何和新認識的朋友建立良好的人際關係呢？

　　在家庭經營方面，家人是我們每一個人最重要的精神支柱，當外在環境充滿了挫敗經驗時，也只有家人仍然誠心地接納我們，不斷為我們打氣加油。因此，能有時間陪伴家人常是許多人選擇職業的重要考慮因素之一。你打算如何經營你的家庭？包括和父母建立較佳的關係、交往男女朋友、結婚、生子、照顧家庭……等與家庭有關的議題。

　　在經濟經營方面，足夠維持生活所需的經濟收入，是我們對於工作或職業的最起碼要求。但當需要拓展人脈資源、組織家庭或照顧家庭、以及其他需求的滿足時，我們所期待的收入水準也會提高。何時你會希望能賺進年薪一百萬元呢？何時你會希望自己擁有年薪五百萬元的身價？你打算如何做呢？

　　在置產消費方面，關於土地、房屋等不動產，和汽車、股票、債券等動產方面，你會有何安排？如何時買進你的第一部車？何時購買第一棟房子？何時打算換車或換屋？

　　在休閒旅遊方面，由於「環遊世界」是許多人的夢想之一，因此如何安排休閒旅遊活動，和生涯規劃的品質更是關係密切。至於其他你個人所看重的層面，最好也能一併納入生涯規劃中。

生涯規劃表

時間向度＼生涯向度										
教育準備										
興趣培養										
能力培養										
工作職業										
人際經營										
家庭經營										
經濟經營										
置產消費										
休閒旅遊										

時間／年齡

14

生涯準備與行動

找尋工作機會

撰寫求職申請書

撰寫履歷表

撰寫自傳

準備面試與面試技巧

開展職業生涯

在確定自己生涯規劃的目標與方向，且有系統地規劃了自己循序漸進的生涯逕路之後，你可能已摩拳擦掌、迫不及待地要展開你的生涯準備和行動。俗話說：「登高必自卑，行遠必自邇」，為了有朝一日能達成你最終的生涯理想，在跨出校園之後，你也必須朝向引領著你前進的方向，踏踏實實地邁進一大步。這一步可能是取得更高深的教育文憑，可能是接受相關單位舉辦的職前訓練，更可能是直接投入工作世界、接受實地的挑戰和試煉。

這時候，你應該要知道申請進修甄選、職前訓練或職業工作的流程。三者的流程基本上有其共通性。

就申請職業而言，下列程序可以提供你作為檢核的依據：

一、　利用求職管道找尋工作機會。

二、　備齊相關證明文件，如學經歷證明等。

三、　準備履歷表、自傳與相關作品。

四、　寄送履歷表與相關資料。

五、　確定面試時間與地點。

六、　接受面試。

七、　接獲錄取通知與回覆。

八、　確定正式上班日期及準備事項。

對於剛要跨入社會的新鮮人而言，進入職場的第一步便是學習如何透過履歷自傳與面試中行銷自己，讓自己能從諸多競爭者中脫穎而出。因此，找尋工作機會、撰寫履歷和自傳、接受面試，不啻是通往工作世界的重要鎖鑰，通常也是剛跨出校門的社會新鮮人較感到棘手的程序，必須多投資一些時間來加以準備和演練。

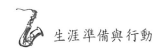

找尋工作機會

　　當你需要找尋工作機會時，你知道有哪些管道嗎？例如，有些人早就託親朋好友四處打聽，有些人卻成天翻爛了數份報紙，仍感到職海茫茫。現在新興的網際網路充斥各式各樣的求才求職資訊，能提供什麼好處？又潛藏著什麼問題呢？

　　一般而言，求職管道可以歸納成下列五類，分別有其不同的運作方式和優缺點。請你花些時間，仔細瞭解這些求職管道如何運作、提供什麼求職服務，並想想看這些不同的求職管道各有些什麼優點或缺點。和你的朋友或同學一起討論你們的發現。

求職管道	優點	缺點
一、親友介紹 **A.** 親戚長輩 **B.** 師長		
二、報章雜誌 **A.** 報紙求才廣告欄 **B.** 雜誌求才專欄 **C.** 就業快報或求才求職快報		
三、學校輔導單位 **A.** 就業輔導處 **B.** 學生輔導中心		
四、政府輔導機構 **A.** 行政院青年輔導委員會 **B.** 行政院勞工委員會職業訓練局 **C.** 國民就業輔導處		
五、私人仲介機構 **A.** 人力仲介公司或職業介紹所 **B.** 網路人力銀行或求才求職網站		

　　　　　　　　　透過親朋好友密佈的人脈網絡搜尋，確實較容易找到輕鬆又穩當的職缺，但受限於親朋好友的工作類型，所介紹的工作性質常無法完全符合自己的興趣。拿著報紙五花八門的求才廣告按圖索驥，經常危機四伏，容易掉入老江湖佈下的求職陷阱。政府開辦的就業輔導機構能提供較佳的工作選擇和保障，但申請的手續繁瑣，條件門檻又過於嚴苛且缺乏彈性。民間傳統的人力仲介公司，似乎已淪為外勞或基層勞力仲介機構，甚少提供予高級人才的就業機會，且缺乏保障。於是，新興網際網路的無遠弗屆、立即搜尋功能，已成為求才、求職者的最愛，然而網路中的資訊開放又容易予歹徒駭客可趁之機。因此，要認真找一個好工作，仍須謹慎小心、步步為營。

　　現在，你不妨以一個可以作為你短期生涯目標的職業或工作為例，嘗試透過不同求職管道找尋適當的工作機會，看看你會有些什麼有趣的發現？

我要找的職業或工作是：
_____

我所嘗試的求職管道	我的發現
1.	
2.	
3.	
4.	
5.	
6.	

撰寫求職申請信

當你已從某一個最有效的求職管道，找到了一個夢寐以求的工作機會時，下一步就是準備要儘快寄出履歷表和自傳，以及相關證明文件了。這時，一封簡短且有禮貌的申請信函，表明你的來意，會讓接信的潛在雇主有興趣仔細展讀你的履歷表和自傳。

※ 請試著參考下列的說明，撰寫一封求職申請信。

×× 經理鈞鑑：

　第一段：說明你寫信的目的，從何處知道這個工作機會，以及所要申請的工作或職務名稱。

　第二段：說明你的學歷和專業背景，以及你對這項工作感興趣的原因，或申請這項工作的理由。

　第三段：呈現你對未來工作表現的信心和期望，邀請雇主參看你的履歷表和自傳。

　第四段：感謝雇主展讀你的信和履歷資料，並請求雇主給予進一步面談的機會。

敬祝

　鴻圖大展

　　　　×××敬上×年×月×日

撰寫履歷表

　　在職場中，履歷表通常是求職的社會新鮮人為雇主準備的第一份見面禮。一份能表現個人風格的履歷表，也常能留給雇主良好的第一印象，引起雇主的興趣，以便爭取到面試的機會，求職路上也就成功了一半。因此，履歷表最好能自行設計製作並打字，但基本上仍以簡明扼要、樸實無華為宜。

　　履歷表也是你生涯中所有成就的重要指標，要讓素昧平生的主管靠一紙文件瞭解你，就必須充分的準備好這份見面禮。一般而言，履歷表的內容通常包含以下的項目：

內容項目	說明
a.應徵之工作項目	工作名稱及工作內容
b.個人基本資料	姓名、年齡、性別、籍貫、出生年月日、通訊住址及聯絡電話等。男性需註明兵役狀況。
c.學歷與訓練	高中以上畢業之學校名稱、科系與輔系、專業認證或文憑等。需註明就讀及取得文憑時間，由後往前推移。
d.經歷 （工作及社團經驗）	含兼差、打工或工讀、社團活動(擔任幹部及舉辦活動等)、義務工作、研究工作等。
e.能力與專長	專業能力、工作相關能力、語文(外語)能力、資訊處理(電腦)能力、受獎及作品等。
f.興趣與休閒活動	日常休閒活動、一般興趣、職業興趣等。
g.希望待遇	依公司規定，或者個人可接受的彈性額度。
h.個人近照	一吋或兩吋。

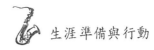

※請設計製作一份你個人專用的履歷表，以表現出你個人獨特的風格，創造良好的第一印象。

189

撰寫自傳

在求職的起點上，自傳通常必須與履歷表一搭一唱，相互輝映。如果說履歷表為你支撐起一目了然的骨架，自傳就是耐人尋味的內涵。

相較於履歷表的簡明扼要，自傳的表達形式更為彈性自由，可以敘事、可以論理、也可以抒情。由於履歷表上較無法流露感情，撰寫自傳時，一般人多會以較為感性的訴求來作自我介紹，呈現個人的成長背景、生活經驗、觀念想法、風格特質、志向抱負、及生涯目標等，最後更凸顯出對獲得工作與未來工作表現的強烈企圖心。但為顧及雇主並沒有太多仔細品味閱讀的時間，自傳的字數以一千字左右或不超過兩頁A4書寫紙為宜。

請嘗試依據下列數項主題，撰寫一份800字至1000字的自傳，設法讓有機會閱讀你自傳的雇主留下良好而深刻的印象。

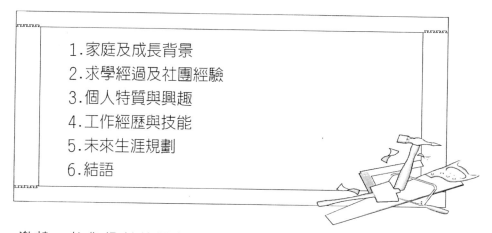

1. 家庭及成長背景
2. 求學經過及社團經驗
3. 個人特質與興趣
4. 工作經歷與技能
5. 未來生涯規劃
6. 結語

邀請一位你信賴的朋友或長輩，假扮你的潛在雇主，請他閱讀你的履歷表和自傳，請教他對你的看法如何？會不會有興趣邀請你當面談談你對工作的期待和抱負？有哪些是你需要補充或修正的地方？

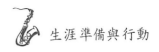

準備面試與面試技巧

　　當你寄出的履歷表和自傳受到雇主的青睞，你就爭取到進一步筆試和面試的機會了。筆試大多測驗求職者的時事、常識和專業知識，有些公司則會安排性向測驗、人格量表和價值觀測驗等，以更深入剖析求職者的人格特質是否符合企業文化的要求。

　　面試通常都是在筆試結束之後進行，主要目的在瞭解求職者的口語表達能力、溝通協調能力以及機智反應等；有些則會要求求職者實際演練和操作，以瞭解求職者的專業能力和臨場表現。主試者對求職者所問的問題可能是一般性問題，也可能是履歷表或自傳中未能充分表達的問題，有時則暗藏玄機，使求職者的反應和能力無所遁形。尤其是求職者專業能力已經初試淘汰篩選過，眾多競爭者的實力都在伯仲之間，能否脫穎而出，就取決於面試時的反應和表現。因此，求職者對面試這一決定性的關卡，絕不能掉以輕心。

　　面試過程中的注意事項，則有下列數點，需謹記在心：

＊面試技巧與注意事項：
1.提早到達較為從容。
2.進入房間應先敲門。
3.坐姿端正，眼神自然，手腳安定。
4.每次答話應乾脆俐落，不打斷對方談話。
5.正面積極的自我表達是面試時不可或缺的。
6.自己對職務的期待要適時表達，讓主試者可以正確評估自己，以免到職後才發現不適任。
7.訪談告一段落的閒聊，也會影響主試者對自己的評價，所以不宜太鬆懈。
8.談話結束前應約定下次見面或連絡的時間，以探詢自己被錄用的機會有多少。
9.無論面談之後對此工作或主試者的好惡，都應該向對方表示感謝。

　　邀請一位你信賴的朋友或長輩，假扮你的潛在雇主，參考下列模擬試題，協助你進行模擬面試，並觀察你面試時的態度、語調、聲音、速度、眼神、手勢、表情、和禮貌等，一起討論有些什麼優點？哪些地方需要修正？

1. 請你用三分鐘時間介紹你自己。
2. 為什麼選擇來本公司應徵？
3. 為什麼選擇這份工作？
4. 為什麼辭去前一份工作？
5. 過去的工作經歷如何？和這項工作有關的是什麼？你從經驗中學到了什麼？
6. 對工作內容和任務有什麼認識和瞭解？
7. 對這個行業的發展性有什麼看法？
8. 你認為你具備什麼條件（能力或專長）能勝任這項工作？
9. 你會如何在工作上表現？對本公司能有什麼貢獻
10. 你對工作的期望和目標是什麼？
11. 你對工作時間和地點有何意見？
12. 你希望的待遇是多少？
13. 你還想瞭解公司什麼？

開展職業生涯

　　當你已幸運地在職場上連連過關斬將，順利找到一份適才適所的工作，你就敲開了通往職業生涯之路的大門。

　　彷彿剛跨出少林寺的青澀高手，對五光十色的江湖既期待又怕受傷害。極目四望，一條或崎嶇或坦蕩的道路向著望不見盡頭的遠處蜿蜒而去，可能荊棘遍野、也可能黃花遍地，你仍然需要不斷地精進你已在少林寺中練就的十八般武藝，才能順利闖蕩江湖。在東突西進中稍一不慎的頭破血流、遍體鱗傷，就當作是成就武林高手必經的試煉與必要的傷痕。因為，唯有歷經艱難險阻，才能有機會琢磨出更犀利、更高深的武功，未來才有較大機會稱霸武林、雄據一方。

　　所以，你準備好扮演工作者的角色了嗎？列出一份備忘錄，隨時提醒自己在未來職業生涯中可能會面臨的艱難險阻，以及要如何克服困難、跨越阻礙？

　　　　可能面臨的困難　　　如何克服困難

揮灑生涯的彩虹

最喜歡在新雨過後嬌陽燦爛的天空，尋找彩虹的蹤跡。一輪圓弧狀的彩虹橫跨天際，七彩繽紛的顏色更顯得璀璨亮麗。而大地經過新雨的刷洗，滌盡污泥，塵埃落地，總似嗅得著花草的芬芳，聞得到春天的氣息。

仰望雨後的彩虹，好像心中的的煩惱壓力也獲得滌清抒解，可以暫時放下，讓一切重新來過，更加努力去開創如彩虹般亮麗的人生！著名生涯學者Super，也將人們一生的生涯歷程譬喻成一道跨越天際的彩虹。七彩繽紛的是人們在一生中扮演的各種「角色」——兒童、學生、公民、工作者、休閒者、夫妻、父母等，從生到死，有的沈潛黯淡，有的燦爛輝煌。

生而為人，我們確實無法決定生於何處以及生命的長度。然而，我們掌握了自己生命的彩筆和調色盤，只要我們以認真的態度盡情揮灑生命的彩筆，可以讓生活更豐富深刻、多采多姿，擴展生命的寬度與廣度。就像我們無法左右天氣的變化，但可以改變我們面對天氣的心情——即使天氣是陰鬱的，心情則是開朗的。我們或許無法決定「命」的生成，但可開創「運」的走向，盡力扮演好每一個生活階段中最值得重視的「角色」，發揮其最大的效能，即是開展成功運局的不二法門。

於是，我們的一生即使如飛鴻雪泥般短暫，仍須立志揮灑出一道瑰麗奪目的彩虹，留下令人讚嘆的燁燁光華！

附錄 1

柯塞人格氣質量表
(The Keirsey Temperament Sorter)
~ 王甫昌譯 (1982) 知人又知心 ~

1. 在聚會中，你通常
   A. 和很多人交談，包括陌生人
   B. 只和少數認識的人交談

2. 你比較
   A. 喜歡實際的事務
   B. 重視想像探索的事物

3. 你認為何者比較不好？
   A. 過於想像化忽略實際的問題
   B. 身不由己的敷衍了事

4. 影響你較深的是：
   A. 原則
   B. 情感

5. 你比較容易
   A. 被說服
   B. 被感動

6. 在工作上，你比較喜歡
   A. 有期限
   B. 沒有時間限制，完成就可以

7. 在選擇事物時，你通常
   A. 非常謹慎
   B. 有點衝動

8. 在聚會中，你大多
   A. 很晚才走，而且精神愈來愈好
   B. 很早就走，而且精疲力竭的

9. 你比較容易受哪一種人吸引？
   A. 常識豐富的人
   B. 富有想像力的人

10. 下列何者你較有興趣？
    A. 實際上發生的事
    B. 可能發生的事

11. 在評斷別人時，你比較容易受到何者支配？
    A. 原則問題
    B. 處境問題

12. 你處事比較
    A. 對事不對人
    B. 對人不對事

13. 你比較
    A. 嚴守時間
    B. 對時間較隨便

14. 何者令你較苦惱？
    A. 事情沒做完
    B. 事情做完了

15. 在你的團體中，你比較
    A. 關心別人的事情
    B. 不關心別人的事情

16. 對於尋常事情的處理，你通常採用
    A. 別人怎麼做我就怎麼做
    B. 用自己的方法去做

17. 你認為寫作時應該
    A. 平舖直敘，不拐彎抹角
    B. 多用隱喻的寫法

18. 何者比較引起你的共鳴？
    A. 思想的前後一致
    B. 和諧的人際關係

19. 你做什麼時感到比較舒服？
    A. 推理判斷
    B. 價值判斷（取捨）

20. 你喜歡事情
    A. 都解決了、決定了
    B. 尚未解決及決定

21.你認為你比較
　　A．認真而意志堅定
　　B．隨意

22.在打電話前
　　A．很少先計劃要說些什麼
　　B．事先準備並排練要說些什麼

23.事實
　　A．說明事實的本身
　　B．可以表現原則

24.「憑空想像」是
　　A．令人苦惱的
　　B．相當引人入勝的

25.你通常是個
　　A．頭腦冷靜的人
　　B．非常熱心的人

26.哪一種情況比較糟糕？
　　A．不公平
　　B．殘酷

27.你通常希望事情的進行
　　A．經過仔細的選擇
　　B．不經意的、碰運氣的

28.你覺得何者較好？
　　A．買東西時沒有什麼選擇
　　B．買東西時有較多的選擇

29.在人群裡面
　　A．主動找人談話
　　B．等著別人找你談話

30.常識
　　A．通常很少有問題
　　B．常是有待商榷的

31.小孩子通常
　　A．沒做什麼有用的事
　　B．沒有盡可能地發揮他們的想像力

32.在決定某件事情你比較喜歡
　　A．依循一定的標準
　　B．以個人的喜好來決定

33.你認為你比較
　　A．堅決
　　B．溫和

34.何者較受讚賞
　　A．具有組織能力，辦事有方法
　　B．具有適應力以及讓別人願意去做的能力

35.你比較喜歡
　　A．已經決定沒有變更之餘地
　　B．一切尚在未定之中

36.與別人初次、非例常性的交往令你
　　A．感到刺激而精神充沛
　　B．耗盡精神

37.你通常是個
　　A．比較實際的人
　　B．比較忱於空想的人

38.你通常比較喜歡
　　A．注意別人有用之處
　　B．注意別人怎麼看一個問題

39.何者令你較為滿意
　　A．把整件事情討論的很徹底
　　B．討論一件事時達成一項協議

40.你比較常受到什麼的支配？
　　A．腦
　　B．心

41.你比較喜歡怎樣的工作
　　A．有明確的計劃
　　B．事先沒有明確的規定

42.你喜歡讓事情
　　A．有秩序的進行
　　B．隨它出現

43.你比較喜歡
　　A．朋友很多，交往不深入
　　B．朋友不多，交往較深入

44.你行事比較依據
　　A．事實
　　B．原則

45.何者你較有興趣？
　　A．生產及分配
　　B．研究、設計

46.你認為何者是較大的恭維？
　　A．〝這是個非常理性的人〞。
　　B．〝這是個非常感性的人〞。

47.你覺得自己那種特質較好？
　　A．毅然決然
　　B．全心投注

48.你通常比較喜歡
　　A．已成定案、不易變更的話
　　B．提案式的、準備性的話

49.你什麼時候比較舒坦
　　A．作了決定之後
　　B．作決定之前

50.你通常和陌生人
　　A．很容易交談
　　B．沒什麼話可說

51.你比較相信你的
　　A．經驗
　　B．靈感

52.你覺得何種較好
　　A．行事切合實際
　　B．有發明創造的天份

53.那一種人比較值得讚佩
　　A．具有清楚的理智的人
　　B．具有強烈的情感的人

54.你比較傾向於
　　A．公平
　　B．具有同情心

55.你最喜歡
　　A．確定事情都已安排好了
　　B．船到橋頭自然直

56.在人際關係上大多數的事應該
　　A．再磋商
　　B．不經意、隨遇而安

57.電話鈴響的時候你通常
　　A．第一個趕著去接
　　B．希望別人會去接

58.你認為自己哪一點較值得讚賞？
　　A．具有強烈的現實感
　　B．具有強烈的想像力

59.你比較容易
　　A．在字面上打轉
　　B．注意弦外之音

60.下列何者似乎是較大的錯誤？
　　A．太感情化
　　B．太客觀化

61.你認為你自己基本上是個
　　A．冷靜、腳踏實地的人
　　B．性情溫和的人
62.你比較喜歡那一種情境？
　　A．有計劃的、有進度表的
　　B．沒有計劃、沒有進度表的
63.你是個比較
　　A．例行性的人
　　B．反覆無常的人
64.你覺得你比較
　　A．容易接近
　　B．與人有些隔閡
65.在寫作時你比較喜愛
　　A．文字性的
　　B．數字性

66.何者對你而言較難？
　　A．認同他人
　　B．利用他人
67.你比較希望你自己擁有
　　A．清楚的理智
　　B．強烈的同情心
68.何種是較大的過錯
　　A．不分青紅皂白
　　B．愛批評
69.你比較喜愛
　　A．有計劃的事物
　　B．沒有計劃的事物
70.你做事比較
　　A．深思熟慮
　　B．任性

 計分

1．把答案卷中每一行答案的個數填入最底下的空格中。如此可得
　　到十四個數字。
2．把空格內的數字轉換為符號的數字，也就是把一號空格的數字
　　填入最底下的一號空格，二號也是。但是三至八號空格原來都
　　有的兩個數字，必須相加再填入最底下的相關空格。
3．現在我們有四對數字，選出每一對數字中較大的一個，如果兩
　　個數字相等，則給予 X。

a	b	a	b	a	b	a	b	a	b	a	b	a	b
1		2		3		4		5		6		7	
8		9		10		11		12		13		14	
15		16		17		18		19		20		21	
22		23		24		25		26		27		28	
29		30		31		32		33		34		35	
36		37		38		39		40		41		42	
43		44		45		46		47		48		49	
50		51		52		53		54		55		56	
57		58		59		60		61		62		63	
64		65		66		67		68		69		70	

1   2   3   4   3   4   5   6   5   6   7   8   7   8

1   2   3   4   5   6   7   8

E   I   S   N   T   F   J   P

附錄 2
何倫人格類型問卷
~ 羅文基等 (1992) ~

> 下列問卷，是為了幫助你找出自己的人格類型而設計的。請在最適合你的描述項目前打勾〝✓〞；在最不像的項目前畫〝X〞；若不確定，則畫個〝?〞。
>
> 例： X 我喜歡討價還價。
>
> ? 人們經常告訴我他們的問題。

01.＿＿＿ 強壯而敏捷的身體對我很重要。

02.＿＿＿ 我必須澈底地了解事情的真相。

03.＿＿＿ 我的心情受到音樂、色彩、寫作和美麗事物的影響極大。

04.＿＿＿ 和他人的關係豐富了我的生命。

05.＿＿＿ 我自信會成功。

06.＿＿＿ 我做事時必須有清楚的指示。

07.＿＿＿ 我擅長於自己製作、修理東西。

08.＿＿＿ 我可以花很長的時間去想通事情的道理。

09.＿＿＿ 我重視美麗的環境。

10.＿＿＿ 我願意花時間幫別人解決個人危機。

11.＿＿＿ 我喜歡競爭。

12.＿＿＿ 我在開始一個計劃前會花很多時間去計劃。

13.＿＿＿ 我喜歡使用雙手做事。

14.＿＿＿ 探索新構思使我滿意。

15.＿＿＿ 我總是尋求新方法來發揮我的創造力。

16.＿＿＿ 我認為能把自己的焦慮和別人分享是很重要的。

17.＿＿＿ 成為團體中的關鍵人物，對我很重要。

18.＿＿＿ 我對於自己能重視工作中的所有細節感到重要。

19.＿＿＿ 我不在乎工作時把手弄髒。

20.＿＿＿ 我認為教育是個發展及磨鍊腦力的終生學習歷程。

21.＿＿ 我喜歡非正式的穿著，嘗試新顏色和款式。

22.＿＿ 我常能體會到某人想要和他人溝通的需要。

23.＿＿ 我喜歡幫助別人自我改進。

24.＿＿ 我在做決定時，通常不願冒險。

25.＿＿ 我喜歡買小零件，做成成品。

26.＿＿ 有時我可以長時間的閱讀、玩拼圖遊戲或瞑想生命本質。

27.＿＿ 我有很強的想像力

28.＿＿ 我喜歡幫助別人發揮天賦和才能。

29.＿＿ 我喜歡監督事情的完工。

30.＿＿ 如果我將處理一個新情境，我會在事情前做充分的準備。

31.＿＿ 我喜歡獨立完成一個活動。

32.＿＿ 我渴望閱讀或思考任何可以引發我好奇心的事物。

33.＿＿ 我喜歡嘗試創新的概念。

34.＿＿ 如果我和別人發生摩擦，我會不斷的嘗試化干戈為玉帛。

35.＿＿ 要成功，就必須高懸目標。

36.＿＿ 我不喜歡為重大決策負責。

37.＿＿ 我喜歡直言無諱、避免轉彎抹角。

38.＿＿ 我在解決問題前，必須把問題澈底分析過。

39.＿＿ 我喜歡重新佈置我的環境，使它們與眾不同。

40.＿＿ 我常藉著和別人的交談來解決自己的問題。

41.＿＿ 我常起始一個計劃，而由別人完成小細節。

42.＿＿ 準時對我而言非常重要。

43.＿＿ 從事戶外活動令我神清氣爽。

44.＿＿ 我不斷地問：為什麼？

45.＿＿ 我喜歡自己的工作能夠發抒我的情緒和感覺。

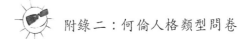

46.＿＿＿ 我喜歡幫助別人找出可以互相關注其他人的方法。

47.＿＿＿ 能夠參與重大決策是件令人興奮的事。

48.＿＿＿ 我經常保持整潔，有條不紊的習慣。

49.＿＿＿ 我喜歡週遭環境簡單而實際。

50.＿＿＿ 我會不斷地思索一個問題，直到找出答案為止。

51.＿＿＿ 大自然的美深深地觸動我的靈魂。

52.＿＿＿ 親密的人際關係對我重要。

53.＿＿＿ 升遷和進步對我是極重要的。

54.＿＿＿ 當我把每日工作計劃好時，我會較有安全感。

55.＿＿＿ 我非但不害怕過重的工作負荷，並知道工作重點是什麼。

56.＿＿＿ 我喜歡使我思考、給我新觀念的書。

57.＿＿＿ 我期望能看到藝術表演、戲劇及好電影。

58.＿＿＿ 我對別人的情緒低潮相當敏感。

59.＿＿＿ 能影響別人使我感到興奮。

60.＿＿＿ 當我答應做一件事時，我會竭盡所能地監督所有細節。

61.＿＿＿ 粗重的肢體工作不會傷害任何人。

62.＿＿＿ 我希望能學習所有使我感興趣的科目。

63.＿＿＿ 我希望能做些與眾不同的事。

64.＿＿＿ 我對於別人的困難樂於伸出援手。

65.＿＿＿ 我願意冒一點危險以求進步。

66.＿＿＿ 當我遵循成規時，我感到安全。

67.＿＿＿ 我選車時，最先注意的是好的引擎。

68.＿＿＿ 我喜歡能刺激我思考的對話。

69.＿＿＿ 當我從事創造性事物時，我會忘掉一切舊經驗。

70.＿＿＿ 我對於社會上有許多需要幫助，感到關注。

71.＿＿＿ 說服別人依計劃行事是件有趣的工作。

72.＿＿＿ 我很擅於檢查細節。

73.＿＿＿ 我通常知道如何應付緊急的事。

74.＿＿＿ 閱讀新發現是件令人興奮的事。

75.＿＿＿ 我喜歡美麗、不平凡的事。

76.＿＿＿ 我常關懷孤獨、不友善的人。

77.＿＿＿ 我喜歡討價還價。

78.＿＿＿ 我花錢時小心翼翼。

79.＿＿＿ 我用運動來保持強壯的身體。

80.＿＿＿ 我經常對大自然的奧秘感到好奇。

81.＿＿＿ 嘗試不平凡的新事物是件相當有趣的事。

82.＿＿＿ 當別人向我訴說他的困難時，我會是個好聽眾。

83.＿＿＿ 做事失敗了，我會再接再厲。

84.＿＿＿ 我需要確實地知道別人對我的要求是什麼。

85.＿＿＿ 我喜歡把東西拆開，看是否能夠修理它們。

86.＿＿＿ 我喜歡研讀所有事，再有邏輯性地做決定。

87.＿＿＿ 沒有美麗事物的生活，對我而言是不可思議的。

88.＿＿＿ 人們經常告訴我他們的問題。

89.＿＿＿ 我常能藉著資訊網路和別人取的聯繫。

90.＿＿＿ 小心謹慎地完成一件事，是件有成就感的事。

計分

下表中的數字，代表何倫人格測驗中的題號。請將你的答案（✓ X？）標記在各個數字上。

實際型	研究型	藝術型	社會型	企業型	傳統型
1	2	3	4	5	6
7	8	9	10	11	12
13	14	15	16	17	18
19	20	21	22	23	24
25	26	27	28	29	30
31	32	33	34	35	36
37	38	39	40	41	42
43	44	45	46	47	48
49	50	51	52	53	54
55	56	57	58	59	60
61	62	63	64	65	66
67	68	69	70	71	72
73	74	75	46	77	78
79	80	81	82	83	84
85	86	87	88	89	90

算出每種類型打‘✓’項目的總數，填寫在下面的空格中：

實際型	研究型	藝術型	社會型	企業型	傳統型

算出每種類型打‘X’項目的總數，填寫在下面的空格中：

實際型	研究型	藝術型	社會型	企業型	傳統型

將每種類型中，打‘✓’項目的總數「減去」打‘X’項目的總數，得分填寫在下面的空格中：

實際型	研究型	藝術型	社會型	企業型	傳統型

附錄 3

生涯興趣量表

~ 修改自李素卿譯 (1997) ~

一、 這個量表的目的在幫助你瞭解你對大學選修科目和職業
活動的興趣，以作為你將來選擇適當職業的參考。

二、 請在每一個學科或職業活動上圈選出適當的數字，以反應
你對每一個學科或職業活動的興趣程度或可能偏好程度。
如果你對該學科或職業活動具有「強烈」的興趣，請圈選「3」；
如果你對該學科或職業活動具有「中度」的興趣，請圈選「2」；
如果你對該學科或職業活動具有「些微」的興趣，請圈選「1」；
如果你對該學科或職業活動「絲毫沒有」興趣，請圈選「0」。

三、 不必考慮你是否具有在某一特定領域中獲得成功的生涯技
能或潛能。

四、 每一項問題都要作答。

第一部份：選修科目

我的「實際」興趣在於......					我的「研究」興趣在於......				
1. 農業	0	1	2	3	1. 經濟學	0	1	2	3
2. 航空	0	1	2	3	2. 保險統計科學	0	1	2	3
3. 地質學	0	1	2	3	3. 護理學	0	1	2	3
4. 工藝教學	0	1	2	3	4. 微生物學	0	1	2	3
5. 醫事技術	0	1	2	3	5. 牙科醫術	0	1	2	3
6. 石油工程學	0	1	2	3	6. 醫學	0	1	2	3
7. 法律實務	0	1	2	3	7. 自然科學教學	0	1	2	3
8. 森林學	0	1	2	3	8. 醫療科技	0	1	2	3
9. 放射性科技	0	1	2	3	9. 心理學	0	1	2	3
10. 運輸科技	0	1	2	3	10. 數學	0	1	2	3
11. 攝影技術	0	1	2	3	11. 電腦程式設計	0	1	2	3
12. 牙科齒磨製造	0	1	2	3	12. 藥學	0	1	2	3
13. 建築製圖	0	1	2	3	13. 航空工程學	0	1	2	3
14. 海洋調查	0	1	2	3	14. 地理學	0	1	2	3

我的「藝術」興趣在於......					我的「社會」興趣在於......				
1. 醫學插圖	0	1	2	3	1. 美容美髮	0	1	2	3
2. 美術	0	1	2	3	2. 職業治療	0	1	2	3
3. 商業藝術	0	1	2	3	3. 旅行導遊	0	1	2	3
4. 音樂	0	1	2	3	4. 牙科保健	0	1	2	3
5. 圖書館學	0	1	2	3	5. 社會工作	0	1	2	3
6. 新聞學	0	1	2	3	6. 輔導工作	0	1	2	3
7. 英國文學	0	1	2	3	7. 中小學教學	0	1	2	3
8. 外國語文	0	1	2	3	8. 法律服務	0	1	2	3
9. 工業設計	0	1	2	3	9. 觀護工作	0	1	2	3
10. 服裝設計	0	1	2	3	10. 心理治療	0	1	2	3
11. 舞蹈	0	1	2	3	11. 醫療服務	0	1	2	3
12. 戲劇	0	1	2	3	12. 政治實務	0	1	2	3
13. 設內設計	0	1	2	3	13. 電視製作	0	1	2	3
14. 景觀建築設計	0	1	2	3	14. 復健諮商	0	1	2	3

我的「企業」興趣在於......					我的「傳統」興趣在於......				
1. 會計	0	1	2	3	1. 人事書記	0	1	2	3
2. 工業工程	0	1	2	3	2. 資料處理	0	1	2	3
3. 行銷	0	1	2	3	3. 辦公室設備維護	0	1	2	3
4. 房地產銷售	0	1	2	3	4. 醫事行政	0	1	2	3
5. 殯葬事業管理	0	1	2	3	5. 商業教育	0	1	2	3
6. 公園管理	0	1	2	3	6. 牙齒矯正	0	1	2	3
7. 廣播/電視實務	0	1	2	3	7. 辦公室行政	0	1	2	3
8. 流行（服裝）銷售	0	1	2	3	8. 醫療記錄技術	0	1	2	3
9. 商業管理	0	1	2	3	9. 法院書記	0	1	2	3
10. 法律	0	1	2	3	10. 文書簿記	0	1	2	3
11. 交通運輸管理	0	1	2	3	11. 電腦資料輸入	0	1	2	3
12. 體育行政	0	1	2	3	12. 財務記錄	0	1	2	3
13. 建築管理	0	1	2	3	13. 秘書學	0	1	2	3
14. 消防管理	0	1	2	3	14. 數學教育	0	1	2	3

第二部份：職業活動

我的「實際」興趣在於....

		0	1	2	3
1.	安排飛機、船舶、卡車，或巴士的路線	0	1	2	3
2.	裝置、維護，以及修理電腦或其他電腦機器	0	1	2	3
3.	飼養純種狗、純種馬，或其他動物	0	1	2	3
4.	以造園技術美化庭園和公園	0	1	2	3
5.	養殖海洋魚類或其他海洋生物	0	1	2	3
6.	製作或修理傢俱	0	1	2	3
7.	改良及展現體育技能	0	1	2	3
8.	軌行法律以保護生命和財產	0	1	2	3
9.	製作建築物、機器，或電氣設備的模型	0	1	2	3
10.	保衛野生動物的安全和食物攝取	0	1	2	3
11.	建造房子或其他建築結構體	0	1	2	3
12.	操作緊急、救生，或救火設備	0	1	2	3
13.	駕駛卡車、曳引機，或巴士	0	1	2	3
14.	建立或操作無線電廣播或電視設備	0	1	2	3

我的「研究」興趣在於....

		0	1	2	3
1.	研究職業、生活方式，或他人的行為	0	1	2	3
2.	用活的植物或動物做實驗，以探索生長或遺傳的法則	0	1	2	3
3.	設計新的運輸或通訊形式	0	1	2	3
4.	設計實驗來開創或測試新的藥物、化學製品，或食物	0	1	2	3
5.	設計建築物、橋樑，或其他結構體	0	1	2	3
6.	發展長期天氣預測的方法	0	1	2	3
7.	操作x光機器或其他實驗室儀器	0	1	2	3
8.	檢測礦床的岩層並判斷它們如何被從土壤中除去	0	1	2	3
9.	設計電腦程式以解決複雜的技術問題	0	1	2	3
10.	研究人類或動物疾病與身體傷害的因素，或加以診斷和治療	0	1	2	3
11.	設計製造飛機或輪船	0	1	2	3
12.	發展數學方程式或化學公式以解決科學的問題	0	1	2	3
13.	研究太陽系及宇宙天文星象	0	1	2	3
14.	研究水域，例如，湖、河流，以及海洋	0	1	2	3

我的「藝術」興趣在於....

	0	1	2	3
1. 在樂團、管弦樂隊或其他音樂組織裡演奏樂器和或創作音樂	0	1	2	3
2. 設計室內裝潢布置的平面圖,以及爲家庭或辦公室挑選傢俱和顏色組合	0	1	2	3
3. 爲書籍或雜誌繪製插圖或設計封面	0	1	2	3
4. 從事創意舞蹈、芭蕾舞,或韻律體操	0	1	2	3
5. 畫卡通、漫畫,或人物的滑稽畫	0	1	2	3
6. 撰寫短篇故事、小說、戲劇,或詩詞	0	1	2	3
7. 使用木頭、黏土、油漆,或其他材料來創作藝術品	0	1	2	3
8. 從事創意攝影	0	1	2	3
9. 指揮一個管弦樂團或導演一齣戲劇	0	1	2	3
10. 發表雕刻、戲劇、書籍、電影,或音樂等作品,或加以論述和講評	0	1	2	3
11. 安排藝術、商品,或博物館展示	0	1	2	3
12. 爲無線電廣播或電視節目撰寫對白或商業廣告詞	0	1	2	3
13. 研究及詮釋外國語文	0	1	2	3
14. 爲商品設計容器或包裝	0	1	2	3

我的「社會」興趣在於....

	0	1	2	3
1. 在公園或休閒設施中監督人群的活動	0	1	2	3
2. 照顧兒童並協助他們接受教育	0	1	2	3
3. 協助人們處理其個人問題及生活上的重要決策	0	1	2	3
4. 教導或協助人們發展他們的興趣和天份	0	1	2	3
5. 教導別人如何照顧自己及改善健康	0	1	2	3
6. 給予父母關於教養孩子的忠告	0	1	2	3
7. 爲大眾提供保健常識和社會服務	0	1	2	3
8. 處理或協助病人、殘障人士,或受傷者的治療	0	1	2	3
9. 管理員工的甄選、安置,和升遷	0	1	2	3
10. 拜訪家庭以協助面臨困難或需要幫助的人	0	1	2	3
11. 教導別人藝術和工藝	0	1	2	3
12. 研究不同社會和文化的傳統和民風	0	1	2	3
13. 訪問人們,藉以獲得有關其信仰和習慣方面的資訊	0	1	2	3
14. 協助人們發展其體育天份與運動技能	0	1	2	3

我的「企業」興趣在於....

	0	1	2	3
1. 管理自己的工廠	0	1	2	3
2. 貿賣股票與債券	0	1	2	3
3. 為大型店或連鎖店採購商品	0	1	2	3
4. 管理企業的公共事務部門	0	1	2	3
5. 協助別人安置安全設備	0	1	2	3
6. 遊說某一法案的通過	0	1	2	3
7. 處理勞工與管理階層之間的爭議	0	1	2	3
8. 管理或指揮一個大型事業或某家公司的一個部門	0	1	2	3
9. 指揮一個社會服務機構或休閒機構	0	1	2	3
10. 指揮一家大型工廠的銷售政策或管理一組銷售人員	0	1	2	3
11. 協助個人規劃他們的旅遊	0	1	2	3
12. 擔任無線電廣播或電視的播音員	0	1	2	3
13. 研究法律情境並解釋法律	0	1	2	3
14. 管理及代表演說者、表演者，以及藝術家	0	1	2	3

我的「傳統」興趣在於....

	0	1	2	3
1. 操作辦公事務機器	0	1	2	3
2. 為一家公司發展會計或檔案系統	0	1	2	3
3. 為大型公司張貼廣告	0	1	2	3
4. 規劃或協調一場研討會或定期大會	0	1	2	3
5. 協助別人規劃及管理他們的財務	0	1	2	3
6. 將訂單進行分類、計算價錢配額，以及製作價目表	0	1	2	3
7. 保存財務記錄	0	1	2	3
8. 接電話及提供資訊或安排電話拜訪	0	1	2	3
9. 教導商業課程	0	1	2	3
10. 準備發薪名單、計算傭金，以及製作薪水扣除額	0	1	2	3
11. 會見客戶、安排約會，以及處理一般的辦公室事務	0	1	2	3
12. 把口述內容寫下來及書信打字	0	1	2	3
13. 簿記登錄或盤點	0	1	2	3
14. 研究人們如何管理他們的時間和精力來完成工作任務	0	1	2	3

計分

將每一項中十四題的得分相加，填寫在下面的空格中：

第一部份：選修科目

實際型	研究型	藝術型	社會型	企業型	傳統型

第二部份：職業活動

實際型	研究型	藝術型	社會型	企業型	傳統型

解釋

類型	典型個人風格	典型職業
實際型 R	此類型的人具有順從、坦率、謙虛、自然、堅毅、實際、有理、害羞、穩健、節儉、等特徵。 其行為表現為： (1) 喜愛實際操作性質的職業或情境。 (2) 以具體實用的能力解決工作或其他方面的問題。 (3) 擁有機械和操作的能力，較缺乏人際關係方面的能力。 (4) 重視具體的事物或明確的特性。	工程師、 工程人員、 醫師、 醫事技術人員、 農、漁、林、牧相關職業 導演、 機械操作員、 一般技術人員。
研究型 I	此類型的人具有分析、謹慎、判斷、好奇、獨立、內向、精確、理性、保守、好學、有自信等特徵。其行為表現為： (1) 喜愛研究性質的職業或情境。 (2) 以研究方面的能力解決工作及其他的問題。 (3) 擁有科學和數學方面的能力，但較缺乏領導才能。 (4) 重視科學價值。	數學家、 科學家、 自然科學研究人員、 工程師、 工程研究人員、 資訊研究人員、 研究助理。

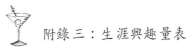
我的「企業」興趣在於....

	0	1	2	3
1. 管理自己的工廠	0	1	2	3
2. 貿賣股票與債券	0	1	2	3
3. 為大型店或連鎖店採購商品	0	1	2	3
4. 管理企業的公共事務部門	0	1	2	3
5. 協助別人安置安全設備	0	1	2	3
6. 遊說某一法案的通過	0	1	2	3
7. 處理勞工與管理階層之間的爭議	0	1	2	3
8. 管理或指揮一個大型事業或某家公司的一個部門	0	1	2	3
9. 指揮一個社會服務機構或休閒機構	0	1	2	3
10. 指揮一家大型工廠的銷售政策或管理一組銷售人員	0	1	2	3
11. 協助個人規劃他們的旅遊	0	1	2	3
12. 擔任無線電廣播或電視的播音員	0	1	2	3
13. 研究法律情境並解釋法律	0	1	2	3
14. 管理及代表演說者、表演者，以及藝術家	0	1	2	3

我的「傳統」興趣在於....

	0	1	2	3
1. 操作辦公事務機器	0	1	2	3
2. 為一家公司發展會計或檔案系統	0	1	2	3
3. 為大型公司張貼廣告	0	1	2	3
4. 規劃或協調一場研討會或定期大會	0	1	2	3
5. 協助別人規劃及管理他們的財務	0	1	2	3
6. 將訂單進行分類、計算價錢配額，以及製作價目表	0	1	2	3
7. 保存財務記錄	0	1	2	3
8. 接電話及提供資訊或安排電話拜訪	0	1	2	3
9. 教導商業課程	0	1	2	3
10. 準備發薪名單、計算傭金，以及製作薪水扣除額	0	1	2	3
11. 會見客戶、安排約會，以及處理一般的辦公室事務	0	1	2	3
12. 把口述內容寫下來及書信打字	0	1	2	3
13. 簿記登錄或盤點	0	1	2	3
14. 研究人們如何管理他們的時間和精力來完成工作任務	0	1	2	3

計分

將每一項中十四題的得分相加，填寫在下面的空格中：

第一部份：選修科目

實際型	研究型	藝術型	社會型	企業型	傳統型

第二部份：職業活動

實際型	研究型	藝術型	社會型	企業型	傳統型

解釋

類型	典型個人風格	典型職業
實際型 R	此類型的人具有順從、坦率、謙虛、自然、堅毅、實際、有理、害羞、穩健、節儉、等特徵。其行為表現為： (1) 喜愛實際操作性質的職業或情境。 (2) 以具體實用的能力解決工作或其他方面的問題。 (3) 擁有機械和操作的能力，較缺乏人際關係方面的能力。 (4) 重視具體的事物或明確的特性。	工程師、 工程人員、 醫師、 醫事技術人員、 農、漁、林、牧相關職業 導演、 機械操作員、 一般技術人員。
研究型 I	此類型的人具有分析、謹慎、判斷、好奇、獨立、內向、精確、理性、保守、好學、有自信等特徵。其行為表現為： (1) 喜愛研究性質的職業或情境。 (2) 以研究方面的能力解決工作及其他的問題。 (3) 擁有科學和數學方面的能力，但較缺乏領導才能。 (4) 重視科學價值。	數學家、 科學家、 自然科學研究人員、 工程師、 工程研究人員、 資訊研究人員、 研究助理。

類型	典型個人風格	典型職業
藝術型 A	此類型的人具有複雜、想像、衝動、獨立、直覺、創意、理想化、情緒化、感情豐富、不重秩序、不服權威、不重實際等特徵。其行為表現為： (1) 喜愛藝術性質的職業或情境。 (2) 以藝術方面的能力解決工作或其他的問題。 (3) 富有表達能力、創造能力，擁有藝術、音樂、表演、寫作等方面的能力。 (4) 重視審美價值與美感經驗。	音樂家、 畫家、 詩人、 作家、 舞蹈家、 導演、 戲劇演員、 藝術教師、 美術設計人員。
社會型 S	此類型的人具有合作、友善、慷慨、助人、仁慈、負責、善溝通、善解人意、負洞察力、理想主義等特徵。其行為表現為： (1) 喜愛社會性質的職業或情境。 (2) 以社交方面的能力解決工作其其他的問題。 (3) 具有幫助別人、瞭解別人、教導別人的能力，但較缺乏機械與科學能力。 (4) 重視社會規範與倫理價值。	社會服務工作者、 一般教師、 神職人員、 社工人員、 護理人員、 輔導諮商人員。
企業型 E	此類型的人具有冒險、野心、抱負、樂觀、自信、有衝勁、追求享樂、精力充沛、善於社交、說服他人、獲取注意、管理組織等特徵。其行為表現為： (1) 喜歡企業性質的職業或情境 (2) 以企業方面的能力解決工作或其他的問題。 (3) 具有語言溝通、說服、社交、管理、組織、領導方面的能力，較缺乏科學能力。 (4) 重視政治與經濟上的成就。	業務行銷人員、 律師、 企業經理、 公關人員、 政治人員、 媒體傳播人員、 法官、 仲介代理人員。
傳統型 C	此類型的人具有順從、謹慎、保守、自抑、謙遜、規律、堅毅、實際、穩重、重秩序、有效率等特徵。其行為表現為： (1) 喜歡傳統性質的職業或情境。 (2) 以傳統方面的能力解決工作或其他的問題。 (3) 具有文書作業和數字計算方面的能力。 (4) 重視商業與經濟價值。	會計師、 會計人員、 總務、 出納、 銀行行員、 行政助理、 編輯、 資訊處理人員

資料來源：修改自Holland (1973)：林幸台(1987:56-58)

附錄 **4**

工作能力或技巧
~ 生涯規劃模式 **(1997)** ~

生涯規劃模式(**Career Planning Model**)中，列舉出多項工作者所需具備之技巧或勝任能力。

---

1. 規劃和組織技巧
   - 評估工作任務之進展情況
   - 舉行會議
   - 讚賞他人的良好表現
   - 激勵他人投入團體工作
   - 催化腦力激盪活動
   - 建立機構目標
   - 和機構成員有效地工作
   - 明辨待完成之工作任務
   - 排列工作任務之優先順序
   - 催化團體討論
   - 給予建設性的回饋

2. 口語和文字溝通技巧
   - 在正式或臨場演說中有效地組織和呈現構想
   - 有效地參與團體討論
   - 準備精確扼要的書面材料
   - 謹慎傾聽和回應語文和非語文訊息
   - 應用有利資源，建立良好公共關係
   - 對正向或負向回饋做適當地回應
   - 以不冒犯他人的方式論辯議題
   - 發展彬彬有禮的電話溝通技巧

3. 決策、督導、管理和領導技巧
   - 瞭解有效作決定的步驟
   - 催化團體的作決定歷程
   - 執行良好的決定
   - 為決定負責任
   - 評估決定的影響和效益
   - 在不感到壓力的狀況下作決定
   - 保留決定的彈性
   - 向他人解釋不受歡迎的決定
   - 激勵他人向目標邁進
   - 應用有效的同儕督導技巧

4. 財務管理技巧
   - 發展正確評估收入和支出的預算技巧
   - 向他人說明公司的預算
   - 做成正確的財務記錄或報表
   - 計畫和執行募款活動

5. 批判思考、問題解決和衝突調解技巧
   - 在問題發生之前即先預知到問題
   - 界定問題且辨認可能的原因
   - 提出可行的替代性解決方案,選出最適切者
   - 催化團體成員提出和評估可能的解決方案
   - 發展執行解決方案之計畫
   - 同時處理數項問題
   - 瞭解批判思考的步驟

6. 團隊工作技巧
   - 激勵團隊成員朝向目標工作
   - 瞭解成員的優勢和弱點,運用其優勢以促進團對發展
   - 協同合作完成工作任務
   - 當達成目標時,給予彼此支持和讚賞

7. 倫理和容忍技巧
   - 界定和說明合於倫理的行為
   - 在困難情境中練習合於倫理的行為
   - 以不批判的態度接納他人的意見和行動
   - 瞭解不同性別、種族、年齡、性取向者的行為
   - 欣賞來自不同文化、社會、宗教背景者,並與之良好互動
   - 欣賞肢體上或心智上有障礙者,並與之良好互動

8. 個人和專業管理技巧
   - 在壓力之下能有效地工作
   - 有效地管理時間和工作
   - 尋求更多專業發展的機會
   - 經常參加壓力管理的活動
   - 在適當時間展開一天的工作
   - 評估個人和專業上的優勢和弱點
   - 採取創新的作法
   - 明白職場中所應表現的適當行為

9. 可轉換至工作之技巧

(1) 資訊管理技巧
- 分類資料和物品
- 彙整資訊和排列等級
- 創造性地應用資訊於解決特定問題
- 綜合事實、概念和原則
- 瞭解和組織原則
- 以適當的標準來評估資訊

(2) 設計和規劃技巧
- 提出可能的行動方案
- 設定合於現實的目標
- 完成一項計畫或決定
- 有效地管理時間
- 預測未來的發展趨勢
- 妥善安排時間、心力、資源的投入
- 評量需求
- 做計畫和按照計畫行事
- 設定優先順序

(3) 研究和探究技巧
- 運用多項資訊來源
- 應用多項方法以驗證資料
- 辨認問題和需求
- 設計實驗計畫，或可系統性界定問題的模式
- 辨認解決特定問題所需的資訊來源
- 釐清特定的問題、主題和討論議題

(4) 溝通技巧
- 客觀地傾聽並摘要敘述訊息內容
- 運用不同的溝通形式和風格
- 對個人和團體演說
- 運用不同的媒體以呈現構想和創意
- 以不冒犯他人的態度，表達自己的需求、願望、意見和偏好
- 有效地辨認和溝通自己的價值判斷
- 向他人傳達一正向的自我形象

(5) 人群關係和人際技巧
- 促使團體朝向完成目標邁進
- 維繫團體的合作和相互支持
- 承擔任務和責任
- 和同儕、上司和下屬有效地互動
- 適切地表達個人的感受
- 瞭解他人的感受
- 願意冒險

- 教導他人一項技巧、概念或原則
- 分析自我和他人在團體中的行為
- 在不同情境中表現出有效的社會行為
- 在時間和環境壓力之下工作

(6) 批判思考技巧

- 當作決定或解決問題時,迅速正確地辨認出批判性的議題
- 辨認出能解釋事實資料之相關連經驗的一般性原則
- 界定問題之範疇
- 指出能評估行動之價值和適切性的合理標準
- 調整概念和行為以因應變化中的常規
- 應用適當的標準評估策略和行動計畫
- 說明結論的前提
- 對複雜的問題提出創新性的解決方案
- 從不同角度或觀點,分析事件和概念間的相互關係

(7) 管理和行政技巧

- 分析工作任務
- 找出能解決問題的人
- 找出可用於解決問題的資源或材料
- 承擔完成工作的責任
- 激勵和領導人們
- 組織人群和工作任務,以達成特定目標

(8) 價值技巧

- 依據每項行動對人類福祉的長期影響,來評估該行動
- 作出能擴大個人和集體利益的決定
- 欣賞藝術、文學、科學和技術帶給現代社會的貢獻
- 辨認個人自身的價值觀
- 評量個人和重大生活決定有關的價值觀

(9) 個人和生涯發展技巧

- 從個人和他人的生活經驗中學習
- 將學校中所發展的技巧,和工作所要求的技巧相連結
- 將個人對自我特質和能力的知識,和工作或生涯機會的資訊相對應
- 辨認描述和評量個人需求、價值、興趣、優勢和弱點的相對重要性
- 發展促進個人成長的目標
- 辨認和描述個人從正式教育和生活經驗中所習得的技巧
- 辨認個人的優勢和弱點
- 接納負面的批評,並從中學習
- 持續不懈的努力,不因失敗而中途而廢
- 建立對他人的信賴和信心
- 冒險
- 接納個人的行動結果
- 向可能的雇主推銷自己

附錄 **5**

生涯價值觀問卷

這一份問卷的目的，是要了解在你考慮未來的工作選擇時，有些工作性質或條件對你的重要性。請在下列每一題前方的方格中，填上1～5的數字。「5」代表「非常重要」，「1」代表「不重要」。

5	4	3	2	1
非常重要	很重要	重要	不太重要	不重要

☐ 1. 能參與救難、濟貧工作　　☐16. 能幫助窮困、不幸的人

☐ 2. 能常欣賞完美的藝術作品　☐17. 能增添社會的文化氣息

☐ 3. 能經常嘗試新的構想　　　☐18. 可以自由提出新穎的構想

☐ 4. 必須花精神去深入思考　　☐19. 必須不斷學習才能勝任

☐ 5. 在職責範圍內有充分的自由　☐20. 在工作時可以不受他人干涉

☐ 6. 可以經常看到自己的工作成果　☐21. 常能覺得自己的辛勞沒有白費

☐ 7. 能在社會上扮演更重要的角色　☐22. 能使你更有社會地位

☐ 8. 能指導別人如何處理事務　☐23. 能夠分配、調整別人的工作

☐ 9. 收入能比相同條件的人高　☐24. 能常常加薪或分紅

☐10. 能有穩定的收入　　　　　☐25. 生病時能得到安善的照顧

☐11. 能有清靜、不受干擾的工作場所　☐26. 工作地點的光線、通風良好

☐12. 主管很能善體人意　　　　☐27. 有一個考核公正的主管

☐13. 能經常與同事從事休閒活動　☐28. 能與同事建立深厚的友誼

☐14. 能經常變換職務　　　　　☐29. 工作上的性質常會變化

☐15. 能成為你想成為的人　　　☐30. 能實現自己的理想

5	4	3	2	1
非常重要	很重要	重要	不太重要	不重要

☐31. 能減少別人的苦難　　　　　　☐46. 能常幫助他人解決困難

☐32. 能運用自己的鑑賞力　　　　　☐47. 能創作優美的作品

☐33. 常需要構想新的解決辦法　　　☐48. 常需要提出多種不同處理方案

☐34. 必須不斷解決新的難題　　　　☐49. 必須對事情做深入的分析研究

☐35. 能自行決定自己的工作方式　　☐50. 可以自行調整工作進度

☐36. 能知道自己的工作績效　　　　☐51. 工作結果能受到別人的肯定

☐37. 能讓你覺得出人頭地　　　　　☐52. 能夠很自豪的介紹自己的工作

☐38. 可以發揮自己的領導能力　　　☐53. 能為團體擬定工作計畫

☐39. 可使你存下很多的錢　　　　　☐54. 收入能比其他行業高

☐40. 有完善的保險與福利制度　　　☐55. 不會輕易被解雇或裁員

☐41. 工作場所有很現代化的設備　　☐56. 工作場所整潔、衛生

☐42. 主管能採取民主開放的領導方式　☐57. 主管的學識或品德能讓你敬佩

☐43. 不必和同事有利益衝突　　　　☐58. 能認識很多風趣的夥伴

☐44. 可以經常變換工作場所　　　　☐59. 工作內容常隨時間而變化

☐45. 常讓你覺得如魚得水　　　　　☐60. 能充分發揮你的專長

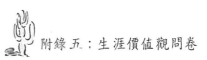

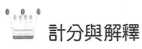 **計分與解釋**

計分	題號	生涯價值	生涯價值內涵
	01,16 31,46	利他主義	1. 工作的目的或意義在於提供機會讓個人為社會大眾的福利盡一份心力,為大眾謀福利。
	02,17 32,47	美的追求	2. 工作的目的或意義在於致力使這個世界更美好,增加藝術的氣氛。
	03,18 33,48	創造發明	3. 工作的目的或意義在於能讓個人發明新事物,設計新產品,或發展新觀念。
	04,19 34,49	智性激發	4. 工作的目的或意義在於提供獨立思考,學習與分析事理的機會。
	05,20 35,50	獨立自主	5. 工作的目的或意義在於能允許個人以自己的方式或步調來進行,不會受到太多限制。
	06,21 36,51	成就滿足	6. 工作的目的或意義在於能看到自己努力工作的具體成果,並因此獲得精神上的滿足。
	07,22 37,52	聲望地位	7. 工作的目的或意義在於能提高個人身分或名望,受到他人的推崇和尊重。
	08,23 38,53	管理權力	8. 工作的目的或意義在於能賦予個人權力來策劃工作、分配工作且管理屬下。
	09,24 39,54	經濟報酬	9. 工作的目的或意義在於能獲得優厚的報酬收入,使個人有能力購置他所要想的東西。

計分	題號	生涯價值	生涯價值內涵
	10,25 40,55	安全穩定	10.工作的目的或意義在於能提供安定生活的保障，即使經濟不景氣時也不受影響。
	11,26 41,56	工作環境	11.工作要能在不冷、不熱、不吵、不髒的良好舒適環境下進行　　。
	12,27 42,57	上司關係	12.工作的目的或意義在於能與主管平等且融洽相處，獲得賞識。
	13,28 43,58	同事關係	13.工作的目的或意義在於能與志同道合的夥伴一起愉快地工作。
	14,29 44,59	多樣變化	14.工作的目的或意義在於多采多姿富有變化，能嘗試不同的工作內容。
	15,30 45,60	生活方式	15.工作的目的或意義在於能選擇自己的生活方式，並實現自己的理想。

附錄 **6**　　生涯信念評量

~ 吳芝儀 (1991) ~

> 　　本量表中所陳述的是一般人對於生涯選擇或職業決定問題所抱持的一些想法或信念。請仔細閱讀每一項想法，並評量您對該想法同意的程度。「1」表示「不同意」該項想法的敘述；「4」表示「同意」該項想法。

不同意——同意

1.	正確而適當的生涯選擇，對我來說甚為重要，因為我不想出任何差錯。	1	2	3	4
2.	我現在就應該確定自己最適合的職業，萬一選錯了職業，那恐怕會後悔一輩子。	1	2	3	4
3.	除非我能找到一份很理想的職業，否則我不會感到滿意。	1	2	3	4
4.	在我決定一項職業之前，我必須對自己適合做什麼有絕對的把握。	1	2	3	4
5.	工作是人生的重心，我所從事的職業應該要能滿足我各方面的需求。	1	2	3	4
6.	如果我一直找不到喜歡的工作，那生活將會十分無趣。	1	2	3	4
7.	我希望找到一份合適的職業，可以協助我克服如害羞、焦慮或不擅交際等一些個人特質上的問題。	1	2	3	4
8.	工作是達成自我實現與成就感唯一有效的途徑	1	2	3	4
9.	我所選擇的職業，也應該要讓對我具有重要意義的人感到滿意。	1	2	3	4
10	待遇優厚與福利完善的職業，才能讓我擁有滿意的生涯。	1	2	3	4

不同意————同意

11	選擇職業時,應該要顧及社會價值觀的評價及社會的需求。	1	2	3	4
12	一份具挑戰性且富變化性的工作,才能順應現代職業市場的需求。	1	2	3	4
13	從事某項職業時,若不成功,就代表失敗,沒有其他的藉口。	1	2	3	4
14	在我選擇要從事的工作領域中,我必須成為專家或領導者,並得到他人的敬重。	1	2	3	4
15	選擇職業的條件,端視那一種職業可讓我獲得最多經濟利益。	1	2	3	4
16	如果我的生涯發展不能依照原來期望的方式進行,就意謂著我失敗了。	1	2	3	4
17	總會有某位專家或比我懂得更多的人,可以為我找到最好的職業。	1	2	3	4
18	也許有某項測驗可以明確指出,我做什麼工作最容易成功。	1	2	3	4
19	接受生涯輔導,必然可以找到我最擅長且會有優異表現的工作領域。	1	2	3	4
20	一些朋友都早已確定了他們將來的志向,我卻到現在還猶豫不決,必定是我哪裡不對勁。	1	2	3	4

不同意——同意

21	如果我現在就決定某項職業，可能從此會受到該職業的束縛。	1	2	3	4
22	我的某些特質，可能是我選擇職業、從事工作的致命傷。	1	2	3	4
23	如果我不能擁有成功的生涯，一定是我某些方面不如別人。	1	2	3	4
24	一個經常改變工作的人，不會有成功的生涯。	1	2	3	4
25	如果我不能找到與所學知能相切合的職業，那無異枉費了多年所受的教育。	1	2	3	4
26	一個人如果害怕當眾演講，就不適合擔任律師、教師、推銷員等需要好口才的工作。	1	2	3	4
27	只要能找到一份令人滿意的職業，我必定會永遠堅守工作崗位。	1	2	3	4
28	作決定之前，我必須找到一種最適當、最能讓我發揮所長的工作，否則我寧可不作決定。	1	2	3	4
29	我無法從事任何與我本身能力專長不合的工作。	1	2	3	4
30	我必須要找到與我興趣、性向、能力等各方面條件充分配合的職業，才能作決定。	1	2	3	4

 計分

　　請將全部三十題的得分相加，即可得到「生涯信念量表」之總分。得分愈高，表示不適應生涯信念愈強。

解釋

1.絕對適切 （1~6題）	高分	對生涯選擇抱持完美或絕對適切的預期，認為工作應可滿足各方面需求。
	低分	不在乎所選擇的職業或生涯方向是否理想適切，亦不認為工作能滿足需求。
2.工作世界 （7~12題）	高分	認為生涯選擇需順應社會價值觀及工作世界的需求。
	低分	看重自我價值，不在意社會價值觀的導向
3.期望標準 （13~16題）	高分	對個人未來的生涯發展或是生涯選擇條件具高度的期許，並以為不成功即是失敗。
	低分	不對未來發展抱持高度期待，較不在乎生涯的成功與否。
4.決定方法 （17~19題）	高分	較依賴他人的意見來作決定，總想徵詢別人的看法。
	低分	不以他人意見為依歸，有自己的主張。
5.自我懷疑 （20~23題）	高分	對自己的特質、能力缺乏信心，總以為自己不如別人。
	低分	對自己的特質、能力充滿自信。
6.決定結果 （24~27題）	高分	相當堅持生涯決定結果的不可改變性和持久性。
	低分	對生涯選擇抱持較彈性的看法，認為生涯發展充滿很多可能性。
7.人境適配 （28~30題）	高分	認為所選擇的職業或生涯方向須與個人各方面特質、興趣、專長等充分配合。
	低分	不認為須找到與興趣、能力充分配合的職業或生涯方向，才能作決定。

附錄 7
自我暗示放鬆訓練指導語

~ 金樹人 (1998) ~

現在我們要進行自我暗示放鬆訓練，自我暗示放鬆訓練，請注意聽，然後按照我所說的去做，請注意聽，然後按照我所說的去做。首先，請你調整你的姿勢。請你把眼睛閉起來，嘗試去感覺你全身的重量是不是很均衡地分配在你的二隻腳、大腿、臀部、背部或者手部。請你感覺你左右兩邊的重量是不是很平衡地放在你的兩隻腳、大腿、臀部、背部或者手部。請你感覺你左右兩邊的重量是不是很平衡。

然後，請你把一部份注意力轉移到你的心跳，嘗試著去感覺你的心跳，嘗試著去感覺你的心跳。我們並不一定能感覺到心跳，只是在你安靜下來後，你彷彿能聽到你的心跳，或者是你可能什麼也感覺不到。所以，你只是嘗試著去感覺它，嘗試著去感覺它。

現在你嘗試著把你的注意力分散在兩方面，一方面感覺身體的平衡，一方面試著去感覺你的心跳。

好，接下來請你再把一部份注意力轉移到你的呼吸，輕鬆地吸進來，慢慢地呼出去，自然地吸進來，慢慢地呼出去。嘗試著控制在呼出去時，讓它稍微慢一點；自然地吸進來，慢慢地呼出去。自然地吸進來，慢慢地呼出去。

現在，你試著把你的注意力分散到三方面，一方面注意身體的平衡，一方面試著去感覺你的心跳，再一方面試著去控制你的呼吸，輕輕地吸進來，慢慢地呼出去；自然地吸進來，慢慢地呼出去。

接下來，是一個比較困難的工作，請你把注意力移到你的兩個手掌心，然後在心裡很強烈地暗示自己，「讓我的手心溫

暖起來，讓我的手心溫暖起來」。把注意力轉移到你的手掌心，在心裡很強烈地暗示自己「讓我的手心溫暖起來，讓我的手心溫暖起來，讓我的手心溫暖起來」。繼續嘗試下去，繼續嘗試下去。

現在，你把你的注意力分散在四方面，也就是你不特別注意那一方面，而是把你的注意力隨意地分散在四方面：注意身體的平衡；感覺心跳；輕輕地吸進來，慢慢地呼出去，注意你的手掌心，很強地暗示自己「讓我的手心溫暖起來，讓我的心溫暖起來，讓我的手心溫暖起來」，繼續嘗試下去，繼續嘗試下去，繼續嘗試下去，繼續嘗試下去，繼續嘗試下去‧‧‧

 ## 放鬆練習應注意以下幾件事情

1‧ 光線的控制：較適合的亮度是相當於陰天快下雨時的室內亮度，太亮或太暗。如果室內向陽，宜拉上窗簾。
2‧ 衣著：以寬鬆為原則。
3‧ 通風：宜特別注意。當一個人放鬆時，毛細孔大致也是較鬆開的，此時若直接受風，極易致病。若室內有風扇或冷氣，宜調低風速或關掉，切忌讓風直接吹到身上。
4‧ 場所：宜選擇安靜而不易被打擾的地方，諮商室或團體輔導室都是很好的選擇。若是在一般教室或會議室舉行，最好選擇靜僻處。
5‧ 時間：進餐之後的30~40分鐘內不宜實施。
6‧ 其他：如果受輔者有任何不舒服的感覺，應立即停止；在任何情況下均需將眼睛閉上，不得偷窺其他人的反應。

附錄 **8**

心理諮商師職業簡介
~ 行政院勞工委員會職業訓練局「職業簡介」~

概說

　　近年來國內經濟快速發展，對整體社會及個人均帶來相當大的衝擊；就個人心理層面考慮，多數人均承受了程度不一的工作壓力及適應困難，隨之而來的可能是緊張、焦慮、寂寞、疏離與沮喪等負面的情緒感受，當沮喪無法得到適時處理時，可能會影響人際關係，或導致罹患神疾病或影響家庭生活等。

　　國外先進國家的經驗顯示，心理諮商常有助於減輕上述問題。有鑑於此，諮商工作在國內各級學校、宗教團體、企業機構、社會福利及醫療機構等均漸受重視；而若干大學裡也設有與諮商相關的科系，以為專業人才養成之用。

　　依據張春興教授(民國79年)所編訂之「"張氏心理學辭典"」，其中對輔導、諮商與心理治療的定義如下：

「輔導」的對象為一般人，其目的在助人成長，輔助其自主，引導其自立。

　　「諮商」是輔導的一部份，其對象除一般人才之外，也包括適應困難的人，因此除了助人成長，並也協助當事人加強應付環境、解決困難的能力；而心理治療的對象則是精神疾病或心理失常的患者，其實施旨在達到

1、增進當事人自身問題的了解
2、協助當事人解除內心的衝突
3、培養當事人自行改正不良習慣的能力
4、引導當事人認識自我與生活環境，並消除已有之不當觀念
5、支持當事人面對現實，恢復信心、重建幸福生活。

　　簡言之，心理治療主要用以協助心理困難較嚴重的人，而應用較廣的諮商工作則以心理困難較輕的人為服務對象。

工作環境

　　諮商工作基本上只需一處可供傾聽、尊重、接納、安全及保密的場所即可，所以工作環境單純，但隨不同的諮商對象，其工作環境也會有所不同，茲分述如下：

1、學校的心理輔導中心：目前多數的小學及國中均設有心理輔導中心，而工作人員多由非本科系畢業的老師兼任。基本上，這些老師對輔導工作有興趣且熱於助人，他們也已接受過某種程度的定期在職訓練；而高中、專科及大學院校的輔導中心，則由學有專長、本科系畢業的老師擔任。

2、企業機構：公營或民營大型的機構多設有類似的中心或社團，常被視為員工的精神補給站，並由專業或非專業但有興趣的義工擔任，如IBM，Digital可為代表。

3、社會服務機構：如救國團張老師、生命線、友緣基金會均設有專兼任之心理諮商師。

4、醫療體系之臨床心理師：其工作對象偏重於心理障礙較重的病患，而多半是在精神醫療院所執行其工作作，如心理診斷及心理治療。

5、法院：少年輔育院的輔導管理員及少年虞犯之觀護人。

6、工廠：部份工廠之專業人事管理員也能協助員工處理日常生活壓力，以發揮人性管理的優點。

7、私營輔導機構：坊間也已設有專業心理諮商工作之機構，例如在台北市的現代人力潛能開發中心，社會大眾若有心理困難而需要專業人員之協助者，亦可直接前往求助。

工作時間及待遇

心理諮商師每日工作約8小時，大都是屬於朝九晚五者，除少數較特殊的機構工作時間較長或須輪值外，通常均享有固定例假及休假。

心理諮商師是屬於「自由業」，其待遇因工作性質而異，如任職於公立學校或政府機構者，是依公務員敘薪，目前其月薪約三萬餘元。

所需資源和條件

國內目前尚未實施心理諮商師的檢覈考試制度，但數年來在許多有心人士的推動下，已日漸成熟，雖然目前擔任心理諮商師者，均畢業於公私立大學或研究所而專攻心理、輔導、教育心理等相關科系。

由於受限於現實制度，尚無法達到適才適用的理想。因此未來若實施證照制度，以取得執業資格，將更有助於提昇其專業素養。

由於心理諮商師的工作對象是「人」，所以工作人員須具備某些人格特質，才可能成為好的心理諮商師，如對於人際關係觀察力的敏銳，高度的同理心等人格特質，才能在諮商工作中準確地了解問題的根源，察覺到當事人微妙行為的特徵。心理諮商也須具有客觀、尊重接納個人、自我了解的能力，如此才能在諮商工作中保持中立的態度，同時也須具備豐富的心理學知識，藉此正確地評估服務對象的態度，情緒以及洞察其問題的所在。

目前台灣地區在七所大學及醫學院設有相關科系及研究所，這七所大學及醫學院分別是台灣大學、政治大學、高雄醫學院、中原大學、輔仁大學、東吳大學、師範大學、彰化師範大學。其修習時間平均為四年至十二年，課程內容除了共同科目外，另有專業科目；包括：普通心理學、統計學、心理測驗、心理衛生

學、輔導原理、發展心理學、社會心理學、變態心理學、認知心理學、臨床心理學、診療心理學、諮商心理學、動機與情緒、生理學、知覺心理學、生理學等。

此外救國團張老師、生命線或其他社會服務機構也設有諮商工作訓練班，培養及甄選所需的工作人員。

教育訓練

訓練內容包含實地臨床實習。訓練方式通常先經由學理講授，再藉著會心團體、自我成長團體的方式，讓學生充當團體成員，臨場體會諮商過程所帶來的感受，然後要求學生到校外參加類似「張老師」義務性工作，用以加強自我價值的覺知，學習如何避免將自己的價值觀反射到別人身上，也習得分析自己情感的能力，確立自信心，學習對受輔者能正確表達親近、愛護、關心但不引起對方的畏懼、敵意或情緒困擾，學習如何建立理想的人際關係情境，從中體會人際互動所引起的困擾與感受等。現職人員有機會參加定期在職教育研習會及不定期之國內外專家舉辦之研習工作坊，藉此可達到自我充實的效果，此外每月各地區舉辦心理諮商討論會，使參與者彼此分享經驗，冀予提昇專業素養。

未來展望

由於經濟起飛社會變遷，大眾對心理諮商師的需求也相對提高，因此已有人直接申請到國外進修，用以因應不斷變遷的社會環境。因此心理諮商師也需要不斷地接受新知，不斷地創新突破，唯有如此，其工作內容方能合乎時代的需要，解決現代人的心理困難。

心理諮商工作漸趨重要且日受重視，這是一片有趣且有遠景的園地，歡迎有志青年參加開墾，為人群貢獻才智，獲得充分的自我成長。

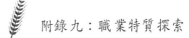

附錄 **9**

職業特質探索

~ 生涯規劃模式 **(1997)** ~

在生涯規劃模式(Career Planning Model)中，列舉出工作世界中需進一步探索之數項有關職業特質的主題。

1. 該職業中的工作性質
   - 該職業之定義（職業名典或行職業簡介中的定義）
   - 該工作存在之目的，該職業所服務之需求
   - 主要的任務和責任
   - 所製造的產品或所提供之服務
   - 該職業中之專門領域
   - 該職業所使用之設備、工具、機械或工作輔具

2. 該職業所需之教育、訓練或經驗
   - 學校中的課程、所需之訓練，訓練或工作經驗之場所
   - 進入該職業所需之先備工作經驗
   - 雇主所提供之在職訓練類型
   - 獲得所要求之教育、訓練、工作經驗所需花費的時間

3. 該職業所需之個人資格、技巧、和能力
   - 進入該職業所需之能力、技巧或性向
   - 從事該工作所需的體能狀況
   - 從事該工作所需的個人興趣（接觸資料、構想、人群或事物）
   - 就業應具備之執照、文憑或其他法定要件
   - 有利於獲得該職業之特定條件（如外語能力、打字速度等）

4. 該職業的收入、薪資範圍、福利
   - 從事該職業工作者的起薪
   - 從事該職業工作者的平均收入
   - 從事該職業工作者的最高收入
   - 該職業中一般公司可提供的福利（如退休津貼、醫療保險、休假、病假、進修教育補助、在職訓練等）

5. 該職業的工作環境
   - 從事該職業的物理工作環境（辦公室、工廠、室內/戶外、噪音程度）和危險性
   - 工作程序（時間長短、日間或夜間、加班、季節性工作等）
   - 創新性、自我管理、獲得社會讚許之機會
   - 工作者所要準備之設備、工具、和材料等（如汽車、日誌簿等）
   - 進入該職業所需之專業協會會員資格
   - 雇者所偏好的穿著打扮（西裝、制服等）
   - 因工作型態而必須旅行的機會
   - 工作者可能會遭遇到的差別待遇

6. 就業地點
   - 可以找到該職業的工作組織類型（公司類型、機構、商業、工業）、自我雇用（self-employment)的機會
   - 該職業常出現或聚集的地區

7. 該職業的就業和升遷展望
   - 進入該職業的一般方法
   - 該職業的就業趨勢
   - 該職業的升遷機會，升遷至較高職位所需的時間
   - 就業的穩定性

8. 相關的職業
   - 和該職業相類似的其他職業

9. 職業資訊的來源
   - 可獲得有關該職業更多資訊之來源
   - 可觀察從事該職業工作者的地方
   - 可獲得和該職業有關之兼差工作、建教合作、實習或暫時性工作經驗的地方

10. 該職業中典型工作者的人格特質
    - 該職業中占最大比率人口之典型工作者的人格特質（如能承受壓力、需精確工作、需邏輯思考及何倫生涯類型）
    - 該職業工作者的平均年齡及年齡範圍
    - 該職業中男女性工作者的比例
    - 從事該職業之少數族群工作者的人數

11. 在該職業中工作的個人滿意感
    - 該職業所反映之價值（如高收入、成就、安全、獨立、創造性、休閒或家庭時間、變異性、助人、地位名聲、社會讚許等）
    - 該職業在社會評價中的社會地位

附錄 **10**
生涯資訊訪談問卷
~ 生涯規劃模式 **(1997)** ~

當你到某一職業或機構中拜訪資深工作者時，下列數項問題是你可以提出來請教他的。當你提到「這個職業或機構」時，最好能直接說出該職業或機構的名稱。

1. 尋找工作技術
   - 請問你如何進入這個職業或機構？
   - 請問你採取什麼行動步驟才決定做這個工作？
   - 請問你用什麼方法找到現在的工作？

2. 職業/組織興趣
   - 你如何對這個職業或機構感興趣？
   - 這個職業或機構有什麼是最吸引你的地方？

3. 從該職業出發
   - 要從事這個職業需具備什麼資格？
   - 從初階到高階的工作階梯是什麼？

4. 工作中的責任
   - 公司期待你在工作上做些什麼？
   - 在工作上，你擔負什麼責任？

5. 產品、服務和競爭力
   - 這個機構所生產的產品或提供的服務是什麼？
   - 你的顧客或客戶是誰？
   - 你的競爭者是誰？
   - 你的競爭者在工商業中的階層是什麼？

6. 所需具備之能力和資格
   - 從事這個職業的人必須具備哪些能力、或個人條件？
   - 要在工作上表現傑出所需具備的最重要能力是什麼？
   - 從事這個工作的人要具備什麼特質？

7. 所需之準備和背景
   - 進入這個職業領域所需的準備、教育、訓練或背景是什麼？
   - 進入這個職業需要什麼執照或教育程度？

8. 價值和個人滿意感
   - 這個職業或機構讓你感到滿意的是什麼？
   - 這個職業或機構符合你的哪些價值？

9. 組織文化
- 在你的公司或機構中，大部分人的基本信念或假定是什麼？
- 對這個機構或在這裡工作的人，最有意義的活動是什麼？
- 這個機構中最具有代表性的人物是誰？他們代表了什麼？
- 這個機構的企業哲學是什麼？

10. 人格特質
- 要在這個職業或機構中獲得成功或升遷，必須具有什麼個人特質、價值或興趣？
- 管理階層所要尋找的員工要具備哪些個人品質或條件？

11. 不滿意的原因
- 這個職業或機構最讓你感到挫折、煩惱或不滿意的是什麼？
- 在工作中會出現哪些內、外在的難題，讓你感到不滿意？

12. 獨特的品質或特點
- 這個職業或工作的特點是什麼？
- 這個職業或工作最讓你稱道的是什麼？

13. 工作環境
- 你通常花多少時間在工作上？
- 你在工作上所花的時間是工作本身所要求或機構之特殊要求？
- 你的工作時間會不會影響你的家庭時間？
- 工作時的穿著打扮如何？
- 你大部分時間是在室內或者戶外工作？
- 噪音的程度如何？
- 這個機構的工作環境或室內佈置讓你感到愉快嗎？
- 在這個機構中工作的人一般的工作態度如何？

14. 薪資範圍
- 這個職業的起薪、平均薪資、最高薪資是什麼？
- 在同行中，你的公司所負的薪資，和其他機構比較起來如何？
- 你的公司提供哪些福利？

15. 決策型態
- 你如何描述這個機構的決策風格？
- 在你所服務的部門，是由誰來決定要做哪些工作？

16. 組織中的組織
- 在你的公司中，管理階層的權威如何發揮？
- 機構的組織系統表
- 你必須向誰報告你的工作？
- 你要督導哪些人？

17. 升遷機會
   ● 在機構中，獲得工作升遷、加薪晉級、或改變工作的機會如何？
   ● 五年後，新進工作者可以期待會在這個機構中扮演什麼角色？

18. 工作中典型的一天
   ● 請敘述在你工作上的典型的一天。
   ● 下班後，你可以不帶工作回家嗎？請說明原因。

19. 相關的職業
   ● 和這個職業有密切相關的其他職業是什麼？
   ● 那些職業需要具備相同的技巧和能力嗎？
   ● 在這個機構中有沒有這些相關連的職業？

20. 大學中可修習的課程或工作經驗
   ● 對於想要進入這個職業的年輕人，你建議他們應該要先有什麼兼差或暑期工作經驗嗎？
   ● 你認為學校中有哪些課程對於要準備進入這個職業的人特別有用？

21. 未來的展望
   ● 你如何展望這個職業的未來願景？
   ● 在這個職業或機構中工作者的人數會增加或減少？
   ● 在這個職業或機構中就業的安全性如何？

22. 改變
   ● 你認為這個職業在最近數年內會發生什麼變化？
   ● 我們如何準備來因應這些變化？

23. 特殊難題和關注點
   ● 對於未來考慮投入這個職業或機構的人，你認為有哪些特殊的難題、情況或挑戰必須要預先覺察？
   ● 你如何解決這些難題或面對這些挑戰？

24. 其他資訊或建議
   ● 你還會給準備要投入這個職業或機構的年輕人其他什麼建議或資訊嗎？
   ● 由於你熟知這個職業或機構，我還應該再問哪些其他的問題嗎？

25. 再次拜訪
   ● 如果將來我需要更多資訊或建議，我可以再和你聯絡或再來拜訪你嗎？

附錄 **11**

求職管道

~ **104** 人力銀行 ~

　　傳統一般大眾最常使用的求職工具為「報紙」，尤其是週日版的求才分類廣告更是琳瑯滿目，然而在資訊科技發達的今日，網路求職已成為最熱門的趨勢，另一方面經由網路徵才的廠商亦表示，他們藉由網路徵才，不僅節省了龐大的登報與宣傳，網路自動媒合機制，也提高了他們徵才的效率與品質。因此，愈來愈多廠商捨棄傳統媒體徵才而改用網路徵才已成為不可避免的趨勢。

　　以下列出所有常見的求職管道與優缺點供您參考，您可依個人喜好考慮採用或多管齊下喲！

求職管道	說明	優點	缺點
親友師長介紹	許多企業獎勵內部員工引薦新人入門，但仍有一定程序，社會新鮮人特別適用。陳	1.省時、有安全感 2.免除求才陷阱	需承受人情壓力
學校就業輔導中心	學校張貼企業徵人啓事、或與企業合辦求才活動和求職講座。	1.較了解求才公司 2.免除求才陷阱	企業家數不多，較無選擇機會
就業展覽會	企業聯合徵才活動，在開放的空間設攤位辦求才說明會供求職者選擇合適工作。	即席面試，少奔波之苦	企業家數、業別有限
公立就業	如職訓局所屬國民就業輔導中心全省有服務機構服務站可登記求職，而青輔會還編印求才資料、電腦連線進企業與求職者互動。	政府單位、可輔導就業少陷阱	學歷限制(青輔會限大專以上，國民就業輔導中心限高中職及以上)

求職管道	說明	優點	缺點
報紙廣告	企業常用的方法，以發行量大之便，帶進多樣機會的求才廣告，但人事廣告成本高。	1.容易取得各類資訊 2.各種職務需求都有	1.求職陷阱多 2.時效性差 3.篇輻有限
雜誌媒體	1.雜誌自行刊登需求人才。 2.專業求才刊物刊登企業求才訊息或配合特定族群發行專刊。	1.情報化求才訊息，方便比較 2.附設其他就業服務	資訊量較少
有線電視	頻道或系統業者在第四台播映徵才廣告。	多為新興傳播相關行業	1.資訊量不多 2.稍不注意畫面就消失
人才仲介公司	主動蒐集或接受求職者登記建立人才資料庫提供企業選用，或代企業甄選	求職者不用付費。專業、有效找到工作，求職者資料永遠有效存檔	良莠不齊必須慎選
電腦網路人力資源公司	在HINET、SEEDNET、INTERNET上有甚多公家、私人求才資訊網如：104人力銀行等	1.有系統的資料整理蒐集資訊豐富 2.迅速有效，時效性佳	特殊性質工作較不易取得

附錄 12

履歷表與自傳格式介紹

~ **104**人力銀行 ~

在眾多競爭者中，新鮮人如何以十足的誠意將自己的『工作意願』推銷給企業，引起主管的興趣，爭取到面試的機會，履歷表將是你的第一份見面禮。履歷表的格式有現成和自創兩種，現成的履歷表格式您可至104人力銀行下載，若您不是要透過網路找工作，建議您最好能自行設計真正符合你需要的履歷表。

● 履歷表格式

以下是一般履歷表中需具備的項目，可作為社會新鮮人選用或設計履歷表時的參考：

1. 基本資料欄

基本資料是個人的表徵，沒有這些資料即使擁有優異的條件與豐富的經歷，就像一個面貌模糊的人讓人無法辨識。基本資料包括姓名、年齡、性別、籍貫、通訊住址及聯絡電話，男性須註明兵役狀況等。

2. 工作與社團經驗

社會新鮮人大都沒有正式的工作經驗，但可提供在學的打工經驗、社團經歷等，做為企業的參考指標。最好說明與應徵工作相關的工讀經驗，或者曾參與的社團、擔任幹部及舉辦活動等經驗。這些經歷多少可以凸顯個人的一些特質，如志趣、合群性、領導能力、成熟度等，所以倍受企業所重視。

3. 專長

　　不論是與所學相關或是個人興趣所發展出來的專長，只要是與工作相關的才藝都應在履歷表上列出，有助企業評估應徵者之專長與應徵工作的要求是否相符，或個人專長是否有助於工作的推動，例如兩位同樣應徵助理工作的人，其中會操作電腦的人就比另一位不諳電腦者佔優勢。

4. 語文能力

　　在國際化的趨勢下，外語能力已成為一項必要的工作條件，尤其有意投入國際化或大規模的公司，具備良好的外語能力更是不可或缺。

5. 專業訓練或特殊技能

　　所學已不足以應付工作所需，所以如果曾參加校外的訓練課程，特別是與應徵工作相關者，也應加以記錄，一方面讓企業了解個人具備相關工作能力，同時也予人上進的好印象。

6. 希望待遇

　　如果對應徵職務的薪資行情做過調查，對自己的能力又有信心，不妨寫下希望待遇數字，一般則以保守為宜，填寫「依公司規定」或者企業與個人可接受的彈性額度。

● 英文履歷表格式

1. OBJECTIVE (目標)

　　首先須瞭解目前想應徵的職務種類、工作內容，並具體寫出這份工作吸引自己的地方，切忌漫無目標，答案越具體，越有奪標的可能！

2. PROFESSIONAL QUALITIES (專業技能)

針對想應徵的職務種類明確列出自己擁有哪些專業技能，無論是技術、知識或管理方面的能力均可。

3. PERSONAL (個人資料)

只要寫出生年月日即可，不用特別強調性別或配偶狀況等。

4. INTERESTS (興趣或嗜好)

不只寫出平常的興趣，最好還能寫出自己平常較注意的一些事物，字數不宜太多，一、二行即可。

5. LANGUAGES & SKILLS (語文及其他技能)

列出自己擁有的資格考試執照資料，包括英文考試如：託福分數等，而有關電腦技能須註明機型、會使用的電腦軟體等。

6. EDUCATION (教育程度)

通常只要填寫最高學歷與次高學歷即可。

7. EXPERIENCE (工作經驗)

從第一份工作開始具體介紹曾擔任過的職務，如能附上優良的工作成績紀錄或說明更好。

● 中文履歷表範例

應徵職務名稱：

姓　　　名		
身份證字號		近
籍　　　貫		
性　　　別		
婚　姻　狀　況	（　）已婚　　　　（　）單身	照
年　　　齡	歲	

出生年月日	年　　月　　日	聯絡電話　（　）
可　上　班　日	年　　月　　日	行動電話或呼叫器 （　）

聯　絡　地　址			
電　子　郵　件			
希望工作地點	1·	2·	3·
希　望　待　遇			

學　　　歷		學年度	學校名稱	系所
		1·博士 2·碩士 3·大學 4·專科 5·高中職		

工　作　經　驗	年度	公司名稱	職務名稱
	1·(現職) 2· 3·		

取得認證資格	1· 2· 3·
擅長的外語	1· 2· 3·
其他專長	1· 2· 3·
著作或作品	1· 2· 3·

● 中文自傳範例

家庭及成長背景：

　　家中有三兄弟，本人排行第二，父親兩年前自軍中退役，現在擔任住家社區的總幹事，負責處理社區內事務，母親爲家管，大哥在私人公司工作，是資訊處的經理，已婚，沒有和我們同住，小弟就讀於高中二年級，而自己是銘傳大學保險學系的應屆畢業生。

求學經過及社團經驗：

　　從國小、國中、專科到大學，當了多年的班代表，經驗豐富。專科時，參加康輔社，專二任活動企劃組長，專三任副社長。大學時雖沒有參加社團，但在保險系辦公室及資訊網路處擔任四年的義工，自認做事認眞負責，有耐心，個性外向活潑，熱心且樂於助人，有強烈的好奇心，喜歡學習新事物，並於服役期間因表現優異，榮獲空軍總司令部所頒發的獎狀，身體情況也良好，定期捐血也已超過三十次以上，在求學過程中，曾多次主辦三天兩夜的活動，更於去年(88)暑假舉辦全班五天四夜的畢業旅行，皆相當成功。

工作經歷與技能：

　　民國88年進入偉達企業工作，學習電腦主機的裝配及維修，這份工作讓我接觸了許多硬體設備，對於初淺的修護有相當程度的了解，只可惜因爲要服役的關係而中斷了學習的機會，退伍後，因爲要專心準備考大學，所以只能找計時的工作，因而進入了麥當勞，擔任訓練新進人員的工作，一投入就是五年多的時間，在校期間，由學校所學及自己的練習下，對Office系統的Word、Excel、Powerpoint、Access及Frontpage等應用程式都使用得蠻得心應手的，中文輸入不算快，一分鐘約三十字左右。

未來生涯規劃：

　　因自己本身對保險及理財投資有著極高的興趣，所以在學校選修的科目，除了保險的相關科目之外，還修習了有：中級會計學、企業管理、財務管理、投資學、個體經濟學及總體經濟學等科，雖然所學甚淺，但我有一顆肯學習、肯吃苦上進的心，希望能有機會到貴公司服務，謝謝！

● 英文履歷表範例

Application for (Job Titlte)

Name		
ID. No.		
Nationality		
Age		
Birth Date		
Gender		**Marital Status**
Phone(home)		**Mobil phone**
Address		
E-Mail Address		
Desired Payment		

Educational Profile:	**School**	**Major**
PhD Degree		
Master Degree		
Bachelor Degree		
High School		

Years of Working Experience

Description of Working Experience:(please specify your current job)

	From	To	Title	Company
Now				
1.				
2.				
3.				

Language Fluency (excellent / fair)

Computer Specialty	MAC	PC	Workstation	Mini	Mainframe
Networking Specialty	UNIX	NT	TCP / IP	SNA	

Qualification	**Novell**	**CAN**	**CNE**	**MCNE**	**CNI**
	Microsoft	**MCPS**	**MCSE**	**MCSD**	
	Cisco	**CCIE**			
	SUN	**JCSE**			
	Lotus	**Notes**			
	Others				

Software and Computer Language Proficiency (in brief)

Other Specialty (in brief)

● 英 文 自 傳 範 例

PERSONAL DATA

My name is Gary Chen, born in Chia-yi County, Taiwan, 1971. During my childhood, my family moved often to Tainan, Kaohsiung, Taichung, and many other places because of my father's job. Fortunately, we lived for ten years in Kaohsiung City, so that I could finish my high school education there without interruption.

After I graduated from senior high school, my father bought an apartment in Taichung. We finally settled down.

COLLEGE TIME

I entered Tamkang University, Department of Traffic and Transportation Management, after one year in grammar school.

Though I failed to go to my favorite departments, I still had a good time in Tamkang. Its liberal atmosphere and good education in computer science helped me a great deal. I participated in several students' clubs and devoted myself to computer learning during the four years. I was so confident in computer operation that I decided to choose computer science as my future career.

GRADUATE SCHOOL TIME

In the last year of my college life, I spent much time preparing for the graduate school entrance exam. At the same time, I also studied further about MIS and computer network.

Then, I entered National Cheng-Kung University, Graduate Institute of Transportation and Communication Management Science. In the first year I was very much interested in BBS and internet. Hence, I had many opportunities to learn the management of workstation, and designed homepage for my department and for myself. I also taught other students to design homepage.

FUTURE CAREER

I am devoted to what I am interested in, especially to mass information, technology, etc. I can also get into the groove easily to new technique and software. Therefore, I would like to find a job related to what I learned at school. In the future, I hope to contribute my studies to the society.

附錄 *13*
面試的準備與模擬問題

~ 李素卿譯 ~

前西北大學(North-western University)就業安置主任 Frank Endicott曾經詢問九十二家公司負責招募新進員工的人員，歸納出面試者會詢問應徵者五十個共同的問題：

1. 你的長、短期目標是什麼？你在何時訂定這些目標？為什麼？你如何準備你自己以便完成它們？

2. 除了那些和你職業相關的目標以外，你已經為自己的下一個十年建立了哪些特定的目標？

3. 從現在開始的五年內，你看見你自己正在做哪些事？

4. 什麼是你生命中真正想要做的？

5. 你的長程生涯目標是什麼？

6. 你打算怎麼完成你的生涯目標？

7. 就你的事業生涯而言，你所期待的最重要酬賞是什麼？

8. 在五年內，你期望賺得什麼？

9. 你為什麼選擇這項你目前正在準備的生涯？

10. 何者對你是比較重要的：金錢或工作類型？

11. 你認為自己最大的長處和弱點是什麼？

12. 你會如何描述你自己？

13. 你認為某位認識你的朋友或教授會怎麼描述你？

14. 何種事物能激勵你發揮最大的努力？

15. 你如何運用你的大學經驗來為你的職業生涯做好準備？

16. 我為什麼應該僱用你？

17. 你擁有哪些你認為自己可以在職場上獲得成功的資格條件？

18. 你如何決定或評量成功？

19. 你認為要在一家像我們這樣的公司獲得成功需要哪些條件？

20. 你認為你自己可以在哪一方面對本公司有所貢獻？

21. 一位成功的經理人應該具備哪些特性？

22. 請描述一下直屬上司與員工之間所應存在的關係。

23. 有沒有兩、三項使你覺得滿意的成就？為什麼？

24. 描述一下你最有價值的大學經驗。

25. 如果你正要僱用一位畢業生擔任該項職位，你會期待什麼樣的特性？

26. 你為什麼選擇你的學院或大學？

27. 什麼事情促使你選擇你的主修領域？

28. 你最喜歡哪一項大學科目？為什麼？

29. 你最不喜歡哪一項大學科目？為什麼？

30. 如果可能的話，你會如何以嶄新的方式來規劃你的學術研究？為什麼？

31. 你可能會在大學或學院中進行什麼樣的改變？為什麼？

32. 你有繼續求學的打算嗎？打算再修習更高深的學位嗎？

33. 你認為你的成績是代表你學術成就的一個良好指標嗎？

34. 你從課外活動的參與中學到哪些事情？

35. 哪一類的工作環境會讓你感到最舒服？

36. 你如何在壓力下工作？

37. 哪一項兼職或暑期工作是你最感興趣的？為什麼？

38. 你會如何描述你畢業之後的理想工作？

39. 你為何決定在這家公司找一個職位？

40. 你知道我們公司哪些事情？

41. 對你的工作而言，有沒有兩、三項事情是重要的？

42. 你是否正想在某種規模大小的公司中謀取職位？為什麼？

43. 你正使用何種標準來評量你希望工作的公司？

44. 你是否有地理上的偏好？

45. 你會遷移嗎？遷移是否會對你產生困擾？

46. 你願意旅遊嗎？

47. 你願意至少花六個月的時間擔任儲訓人員嗎？

48. 你為什麼認為你自己可能會喜歡本公司所在的社區呢？

49. 你曾經碰過什麼樣的重大問題？你如何應付它們？

50. 你已經從自己的錯誤中學到哪些事情？

此外，自由作家Joan Detz（1989）曾歸納主管人員用來詢問尋求領導職位應徵者的「十大職業艱難問題」：

1. 假設性問題

「假使你在工作的第一個禮拜中被分派一項任務，而且無法如期完成，你會怎麼做？」

Detz建議，你應該迴避類似此種世界末日的情境，因為它們會導致一連串永無休止的「如果......怎麼辦？」問題循環。不要專注於「如果你失敗了，你要怎麼辦」；而要專注於「你要怎麼做才能確保你的努力會有好的成果」。

2. 是或否的問題

「你能夠馬上獨立進行這項工作嗎？」

Detz建議，你不應該倉促地給予肯定的答案。反之，他建議你這樣回答：

「就我目前所得的資訊看來，事情應該會進行得很順利。然而，如果情況改變，或是，如果我需要更多資源來成功地處理它，我可能得向你請教。」

3. 你認為其他人會怎麼想的問題

「你認為你的上司會怎樣看待你離開目前的職位？」

避免成為一個能知道他人心事的人。反之，你可以回答：
「我的上司已經同意為我寫一封推薦信，因此他顯然能夠了解我對改變的需求，以及我在生涯提昇上的決定。如果你對我的表現有任何疑問，你或許可以直接向他詢問。」

4. 排列問題

「對於那些和你應徵相同職位的人來說，你認為他們會最關切哪兩、三件最重要的事情？」

這個問題假設你非常熟悉該職位及其他應徵者，但千萬不要代替別人回答；只須代表你自己說話，並且指出不同應徵者之間的意見必定有所差異。

5. 非問題的問題

「我很喜歡閱讀你的資料，但我不認為你的背景符合我們的需求。」

以這種形式來拒絕你的申請是一種挑戰，Detz建議你可以將它轉為類似這樣的問題：

「你不知道我在工作上將如何為你發揮最大的效益。讓我告訴你是什麼讓我有資格成為該職位的最佳候選人……。」

6. 私底下的問題

「我想私下問你一個問題，你認為大學畢業生真是適合這項職位的最佳人才嗎？」

雖然這樣一個問題看起來好像為你提供一個機會抒發你在大學中所經驗的學業挫折感（如果你有的話），但是如果你回答了這個問題，你會遭遇兩個可能的危機：一是私下談論的秘密會有外流出去的管道，二是你道人長短的說法可能會讓雇主懷疑你的忠誠。因此，絕不要私下告訴面試者任何你不願在公眾場合分享的事情。只須專注在你的背景經驗如何讓雇主獲益的焦點上。

7. A或B取向的問題

「薪水或工作何者對你比較重要？」

你可以像大多數人一樣回答，你會希望獲得一份薪優渥且能提供長期專業成長機會的工作。你不須樣為了某項而排除另一項；你應該很有自信地表示：「兩者對我都很重要......」

8. 為什麼的問題

「多數大學生都很類似，我為什麼應該僱用你擔任這項職位？」

Datz建議，當你聽到「為什麼」的字眼時，你就必須開始站在面試者的立場為他或她著想。例如：

「根據我們之間的對話來判斷，我推測你正在尋找一位可以自動自發設定目標，且不畏懼艱難挑戰的人才。我就是這樣的人。讓我再多告訴你一些我曾經接受過的挑戰。」

9. 錯誤前提的問題

「我注意到你做過一連串短期工作。我想知道為什麼你不能長期保有一個工作？」

如果你無法立即質疑或糾正一項錯誤前提的陳述，它會在面試當中不斷地糾纏你。你必須堅定地回答並作說明：

「由於我想要讓我的履歷表簡潔且讓你便於閱讀，因此對於我所列出來的職位，我並沒有敘述離職的原因。我很抱歉那使你對我的背景留下錯誤的印象，同時也要謝謝你提出這個問題，我才能為你提供更完整的訊息。讓我更完整地說明我離開每一項職位的原因，以及我從中學習到的事務」。

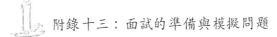

10. 開放式問題

「請告訴我有關你前一個工作的狀況。」

　　開放式的問題提供了一個寶貴的機會，可以顯示出為何你是一位具有競爭力的應徵者。為了預期這個機會並為它作準備，你可以在事前備妥一份簡短的摘要陳述，當中包含了你如何在前任的工作上利用你的興趣、價值，和技能來成功地達成你的任務，以及豐富你對目前求職對象的準備。

　　如同你在這些共同問題的清單上所看到的，就業面試涵蓋了各式各樣的主題，從你對工作的準備和承諾到你偏好的生活形態均包含在內。作為準備工作面試的一部份，我們會鼓勵你讀遍上述的問題清單，挑選一些讓你難以回答的問題及一些容易回答的問題，並在心裡演練你對它們的回應。大聲地說出你對它們的回應。把你的答案錄音，這或許有助於你感受你呈現給別人的方式。另外，和一、兩位朋友一起坐下來，然後互相練習面試的過程，你會發現那也很有幫助。此時，一個人可以扮演僱主，另一個人可在一旁觀察，並對你的表現提出批評。當你在練習面試的過程時，必須記住的是，表達某件事的方式可能和它的內容一樣重要。你的音調、手勢、目光接觸和姿態所傳遞的個人訊息和你所說的一樣多。

附錄 **14**
面試時的舉止儀容與形象
~**104**人力銀行~

一、 服裝儀容形象說

　　服裝儀容可說是判斷一名求職者有無社會常識及禮儀的先決條件，它是與對方的一種無言交談。

1. 女士整體造型

　　穿著套裝和整齊不易縐的衣裙最得體，/薛珩嫻R、低胸、透明、緊身或過於暴露。素面連身絲襪和不露腳趾、淨素光亮的鞋子。髮型以清爽整潔、適宜自己的臉型為主。手指甲應修剪乾淨，上粧以淡粧為宜。

2. 男士整體造型

　　應著西服或挺整的長袖襯衫，潔淨的領帶≈捱覷庇ｙ帶處。鞋擦拭光亮、款式簡單。若戴眼鏡，需搭配臉型。

二、肢體語言形象說

1. 勿以動作小而不察

　　有些年輕女性在應試時，常會「不自覺」的咬手帕、吐舌頭或一直在手中玩弄小紙張，雖然表面上以為她的舌粲蓮花、外貌風度可予主試者留下良好形象，殊不知有些主管就是專門注意你舉手投足間所傳達的訊息，來作為你工作能力、穩定性、做事方法的形象考量。

2. 看的肢體語言

面試時，最好自始至終正視著主試者的眼睛，表示你很有信心和在乎這份工作。如果因為害羞而沒有和對方目光接觸，或眼神閃爍，有可能主試者會誤認為你是個不可靠、沒穩定性的人，而對你產生壞印象。

3. 坐的肢體語言

不要晃腳或踏腳，讓自己看起來浮躁或心不在焉；不要雙腿不斷地交替，顯得自己十分無聊或無心應戰，最好坐時身體向前傾一點，可表示自己十分熱中這份工作或對對方表敬意。

4. 手的肢體語言

用手一直不斷地推眼鏡架，表示無聊；用手指支頤（撐下巴），顯得你滿腹猜疑、自以為是；雙手交疊在胸前，看起來像拒人千里之外；雙手交叉在腦後，表示你毫不在乎；雙手交叉放在身後，則表示唯恐出錯。而不停地用手撥弄領帶、圍巾或筆和咬指甲的習慣，都表示害怕、不安之意。至於握手時，最好不要連握帶抓、使勁的搖晃，等面試人員先伸手再握手，可給對方建立良好形象。

三、措辭應對形象說

1. 可以理性可以感性

若要真正決定一個人的工作能力與人格涵養，則必須從措辭的方式和應對技巧判斷。因此第一印象的好壞，就從你的談吐「俗或不俗」開始。

2. 措辭與語彙之間

面試時，避免以不雅直接的口吻對答，除此以外要特別充實語彙，不要老是用「美麗」「活潑」等簡單又言語無味的形容

詞。與主試者說話，需衡量與主試者的距離（適量的距離為122~366公分）調整音量大小，並適時加入語調、語言節奏感等比較幽默、生動、感性的聲音表情。回答主試者話最好簡潔、清晰、有條理，且絕不僅是「是」「嗯」「喔」等的簡單回應，予人留下敷衍馬虎的印象。

3. 說與不說之間

自我介紹是求職者推銷自己的最好機會，你要實實在在地充分表達自己的優點、才華及能力，但不可誇大、說謊。回答問題時態度要誠懇、神采奕奕、不卑不亢，切忌急著發言，尤其面對自負的主試者，最好當個聽眾。不要說主管或公司的壞話，避免負面的態度與不肯定用語。遇有不會回答的問題，不妨具實以答，任何出乎意料的問題，都必須設法回答，但必須觀察、思考問題的陷阱。陳述時把焦點擺在你的能力上，不要提到缺點，並且避免使用專業術語（除非有自信）、暗語，以免自暴其短，自毀形象。

4. 問與不問之間

面試後，百分之九十九的主試者都會問：「你有沒有什麼問題想問？」有許多求職者想表現睿智，卻怕問得不得體，可能將苦心營造的好印象毀於此刻而不敢問；有的人是一時無法反應而呆若木雞。問問題就如同答題技巧是一門面試哲學，雖依個人的特質與職業形象，但仍有其大原則。

　　a. 不好啟口發問的問題，應試者不妨以「為慎重起見……」起頭，再順勢提出問題。
　　b. 即使心中有許多問題，面對主試者有禮的詢問，最好只提出一、二個問題。
　　c. 提出問題時，最好問一些能顯示你對該公司的關心程度、專業知識及綜合分析能力的問題，且最好避免一開始就談薪水、福利問題。

四、人格個性形象說

1. 形象盡在不言中

　　第一印象和一個人先天的人格特質有關，雖然人格特質是與生俱來的，但靠後天形成的因素也不少，個人若塑造良好形象，不妨從提醒自己，多積極培養正面的人格特質，多檢視自己有哪些負面的人格特質，需要加以改進做起。

2. 正面的人格特質

　　正直、誠實、守信、穩定、可靠……果斷明快、積極進取、堅毅不拔……。

3. 負面的人格特質

　　世故、自負、自私、驕傲、自卑……三心兩意、見異思遷、冥頑不化……。

參考書目

Bordin, E. S. (1984). Psychodynamic model of career choice and satisfaction. In D. Brown & L. Brooks (Eds.), *Career Choice and Development: Applying Contemporary Theories to Practice* (chap. 5). San Francisco: Jossey-Bass.

Erikson, E. H. (1963). *Childhood and Society* (2nd ed.). New York: Norton.

Harren, V. A. (1974). A model of career decision-making for college students. *Journal of Vocational Behavior*, 14, 119-133.

Herr, E. L., & Cramer, S. H. (1996). *Career Guidance and Counseling through the Life Span*. (5th Ed.) Glenview, Illinois: Scott & Foresman.

Holland, J. L. (1973). *Making Vocational Choices: A Theory of Careers*. Englewood Cliffs, NJ: Prentice-Hall.

Maslow, A. H. (1954). *Motivation and Personality*. New York: Harper & Row.

Mitchell, L. K. (1980). *The effects of training in cognitive restructuring and decision making skills on career decision making behavior, cognition, and affect.* Unpublished PhD Dissertation: Stanford University.

Myers, I. B. (1962). *Manual: The Myers-Briggs Type Indicator*. Princeton, NJ: Educational Testing Service.

Super, D. E. (1976). *Career Education and the Meaning of Work*. Monographs on career education. Washington, DC: The Office of Career Education, U. S. Office of Education.

Super, D. E. (1980). A life-span, life-space approach to career development. *Journal of Vocational Behavior*. 16(30), 282-298.

王甫昌譯（1984）。知人又知心。台北：哈佛管理。

李素卿譯（1997）。生涯規劃。台北：五南。

金樹人（1997）。生涯諮商與輔導。台北：東華書局。

林幸台（1987）。生計輔導的理論與實施。台北：五南。

吳芝儀（1991）。五專五年級學生生涯決定信念、情境－特質焦慮與生涯決定行動之研究。國立台灣師範大學教育心理與輔導研究所碩士論文。

羅文基、朱湘吉、陳如山（1992）。生涯規劃與發展。台北：空中大學。

國家圖書館出版品預行編目資料

```
生涯探索與規劃：我的生涯手冊 ＝ Career exploration
and planning：my career manual ／ 吳芝儀著.
－－初版 －－ 嘉義市：濤石文化， 2000【民89】
面 ：    公分  參考書目：面
ISBN 957-30722-1-1（平裝）
1.生涯規劃 － 手冊,遍覽等

192.1026                              89016247
```

生涯探索與規劃《我的生涯手冊》

Career Exploration and Planning ：My Career Manual

著　　　者： 吳芝儀

出 版 者： 濤石文化事業有限公司

發 行 人： 陳重光

總 編 輯： 陳重光

責任編輯： 吳孟虹、朱儀羚

美術編輯： 吳孟虹

封面設計： 白金廣告設計

登 記 證： 嘉市府建商登字第08900830號

地　　　址： 雲林縣斗六市建成路111號7樓之2

電　　　話： 886-5-271-4478

郵政帳號： 31442485

戶　　　名： 濤石文化事業有限公司

印　　　刷： 鼎易印刷事業股份有限公司

初版一刷： 2000年11月 2021年2月一版二十五刷

I S B N ： 957-30722-1-1

E-mail ： waterstone.tw@gmail.com

總 經 銷： 揚智文化事業股份有限公司

　　　　　電 話：02-26647780 傳 真：02-26647633

定　　　價： 新台幣320元